EISHOCKEY

verständlich gemacht

W0060564

Peter Kränzle · Margit Brinke

EISHOCKEY

COPRESS
SPORT

Umschlaggestaltung: Studio Schübel, München
Layout/DTP-Produktion: VerlagsService Dr. Helmut Neuberger
& Karl Schaumann GmbH, Heimstetten
Grafik: Anneli Nau, München
Titelfoto und Fotos Innenteil: IHA International Hockey Archives

ISBN 3-7679-0549-3

Inhalt

Vorwort 7

Eishockey – das Spiel 9
Was ist Eishockey? 9
Die Entwicklung 10
Die großen
Persönlichkeiten 12
Das Spielfeld 20
Die Spielzeit 24
Die Regeln 25
Das Abseits 26
Fouls und Strafen 30
Von zwei Minuten bis
»lebenslänglich« 30

Penalty und andere
Besonderheiten 37
Fliegender Wechsel 37
Unkorrekte Ausrüstung 39
Unter- bzw. Überzahl-
spiel 40
Taktik und Spielsysteme 41
Moderne Spielsysteme 42
Taktische Grundlagen:
Wer spielt wo? 43
Der Angriff 48
Angriff mit der zweiten
Welle 55
Das Überzahlspiel 58

Gebannter Blick auf den Puck – Schwedens Nationaltorhüter Mikael Tellquist.

Abwehrspiel	60
Forechecking	61
Backchecking	62
Raumdeckung	62
Manndeckung	63
Zonenpressing	63
Das Unterzahlspiel	64
Das Bully	66
Bully – wo findet es statt?	68

Eishockey – die Ausrüstung — 70

Der Puck	70
Der Schläger	70
Die Schlittschuhe	72
Die Schienbein- und Knieschützer	72
Der Tiefschutz	73
Der Ellbogenschutz	73
Der Schulterschutz	73
Die Handschuhe	73
Der Helm	74
Trikot und Strümpfe	75
Die Hose	75
Die Unterwäsche	76
Spezialausrüstung für den Tormann	76

Eishockey – die Akteure — 78

Der Tormann	78
Die Feldspieler	81
Der Verteidiger	82
Die Stürmer	82
Die Trainer	86

Der Schiedsrichter	90
Die Offiziellen	94

Eishockey – Traumland Nordamerika — 95

Legendäre Mannschaften	98
Eishockey-Mekka New York	100
Krise im Mutterland	102
»Batman« der Retter	102
Die begehrteste Trophäe im Eishockey	104
Melting Pot NHL	105
Der Aufbau der NHL	106
Die Talentziehung, die »Draft«	107
Statistik-Paradies NHL	108
Boomsport »Hockey«	110

Eishockey – in Deutschland ein Sport im Kommen — 112

Entwicklung zum Großstadtsport	112
Die DEL	114
Weder Flop noch Top	118
Erfolgsstory Bundesliga	118
Nachwuchsarbeit	122
Damen-Eishockey	124

Anhang — 125

Wichtige Adressen	125
Lesetipps	125
Glossar	126

Vorwort

Seit der WM 2001 in Deutschland und den Olympischen Spielen 2002 in Salt Lake City (USA) erlebt Eishockey eine Renaissance. Lange Zeit wegen Streitigkeiten und spektakulären Vereinskonkursen sowie einer miserablen sportlichen Bilanz belächelt, hat sich die »schnellste Mannschaftssportart« in Deutschland wieder erholt und neue Fans gewonnen. Zum Aufschwung trug auch bei, dass in Nordamerika Eishockey gegenwärtig einen hohen Ruf als das »Coolest Game on Earth« genießt und sich die NHL, mit den besten Spielern aller Nationen, auch aus Deutschland, neben den »Großen Drei« American Football, Baseball und Basketball etablieren konnte.

Nach der NHL haben der Weltverband IIHF (International Ice Hockey Federation) und der deutsche Verband DEB (Deutscher Eishockey-Bund) erkannt, wie wichtig es ist, dass nationale »Dream Teams« um sportliche Lorbeeren kämpfen und für Aufsehen sorgen. Es wird schließlich Zeit, dass es sich herumspricht, was für ein attraktives und schnelles Spiel Eishockey ist. Blitzschnelle Situationswechsel, brillante Schlittschuhläufer und tolle Passkombinationen, spektakuläre Tore und katzengewandte Torhüter können die Fans durchaus hinter dem Ofen hervorlocken.

Im vorliegenden Buch soll Eishockey populärwissenschaftlich vorgestellt werden, sollen Fans, die vom »Eishockey-Fieber« gepackt wurden und ein wenig hinter die Kulissen blicken möchten, dazu Gelegenheit erhalten: Nach welchen Regeln läuft das Spiel genau ab? Welche Ausrüstung ist nötig? Welche Spielpositionen gibt es? Warum gilt Nordamerika als das Mutterland des Eishockeys und was tut sich momentan in Europa und in Deutschland? Auf solche Fragen möchte das Buch Antworten geben. Also, Aufstellen zum ersten Bully!

Eishockey – das Spiel

Fußball ist König, Eishockey der Kronprinz – so die in Europa gängige Einschätzung, basierend auf Publikumsinteresse und Medienresonanz. Natürlich, Griechenland schätzt seine Basketballer höher ein, Wales sieht Rugby als wichtiger an, Island huldigt mehr den Handball, Spanien und Italien sehen im Fußball die einzige Religion. Doch in den mittel-, nord- und osteuropäischen Ländern, den Alpen-Anrainern inklusive Frankreich, Italien und Slowenien hat sich das Eishockey als zweitpopulärster Mannschaftssport etabliert. Sogar Großbritannien hat eine florierende Meisterschaftsrunde und sogar in Spanien geht man auf Puckjagd. Und wer über Europas Grenzen hinausblickt, entdeckt, dass mittlerweile auch Nationen wie Neuseeland, Süd- und Nordkorea, Aserbeidschan oder Japan fest integriert sind in den internationalen Spielbetrieb.

Fußball und Eishockey – zwei (nahezu) weltweit betriebene Sportarten mit der Attraktivität, die Massen fesseln. Und es gibt noch mehr Parallelen. Wie auf dem grünen Rasen bemühen sich zwei gegnerische Mannschaften vor allem darum: das Spielgerät – im Fall Eishockey eine Hartgummischeibe – möglichst öfter im Tor des Rivalen unterzubringen als jener im Gehäuse, das man selbst zu verteidigen hat. Selbstverständlich unter Einhaltung gewisser Regeln. Gewaltsamer Einsatz gegen den Kontrahenten ist nur in kleinem Maß erlaubt, Verstöße werden mit Zeitstrafen und/oder Spielausschluss geahndet. Aus Abseitsposition – sofern der Schiedsrichter sie erkennt – darf weder beim Fußball noch im Eishockey ein Tor erzielt werden, wobei das Eishockey verschiedene Abseits-Regelungen kennt.

Was ist Eishockey?

Da beginnen auch schon die Unterschiede. Weitere grundlegende: Im Eishockey dürfen immer nur maxi-

Links:
Wayne »The Great One« Gretzky, der beste Eishockeyspieler aller Zeiten, nahm 1999 seinen Abschied.

mal sechs Mann eines Teams am Spiel teilnehmen, es wird häufig gewechselt. Die Spieler sind gut ausgerüstet, dick gepolstert – weil Körperkontakt ein wichtiges Element des Eishockey ist. Spielwerkzeug ist der Schläger, Spielobjekt der Puck. Und Spieluntergrund das Eis. Auf dem bewegt man sich in Schlittschuhen fort.

Schläger, Puck, Schlittschuhe, Eis – damit wächst man nicht auf wie mit Ball und Wiese. Das heißt: Eishockey spielt man nicht einfach mal so, Eishockey muss man erst erlernen; ohne technische und auch taktische Ausbildung wird man kein nennenswertes Niveau erreichen. Wenn jemand mit 18 anfängt, Fußball zu spielen, kann er – bei einiger Gewandtheit – noch was werden. Wer mit 18 jedoch noch nicht mal mit dem Schlittschuhlaufen aufs Engste vertraut ist, für den ist im Eishockey allenfalls eine Karriere in einer Hobbytruppe noch möglich. Das ist der Unterschied.

Die Entwicklung

Wer hat das Eishockey denn nun erfunden? Chinesische Höhlenmalereien, die Spieler mit Krummstöcken zeigen und eine Urheberschaft begründen könnten, gibt es nicht. Doch die Indianer, Nordamerikas Ureinwohner, als ein anderes altes Kulturvolk wollen mit der Eishockey-Entwicklung zu tun gehabt haben. Jedenfalls wurden nahe dem heute kanadischen Quebec im 16. Jahrhundert »Native Americans« gesichtet, die mit einer Art Schläger im Schnee herumtollten – ohne Schlittschuhe. Europäische Siedler nannten das indianische Vergnügen »hoquey«. Die ersten Schlittschuhe haben Norweger und Schweden gebastelt – im 8. Jahrhundert. Damit reklamierten sie die Eishockey-Erfinderrolle ebenfalls für sich – und verschweigen, dass ihre »Schlittschuhe« (als Kufe diente ein Rentierknochen) ausschließlich zur Fortbewegung gedacht war; aber nicht, um darauf den Spielbetrieb auszuleben.

Ernsthaft widerspricht heute kein Forschungszweig mehr, wenn man Kanada das Mutterland des Eishockey nennt. Dort wurden 1878 durch William Fleet Robertson erstmals die Regeln niedergeschrieben, wobei diese anfangs noch ein 300x100 m großes Feld vorsahen, auf dem sich insgesamt 50 Cracks tummelten. Zu unübersichtlich – um die Jahrhundertwende hatten sich in etwa die heutigen Rahmenbedingungen eingependelt. Kanadische Studenten brachten das Eishockey nach Europa, das bis dahin lediglich »Bandy« als Eissportart kannte. »Bandy« – das war »Eisball«, vereinfacht gesagt: Fußball auf Schlittschuhen und mit Krummstöcken.

Die kanadischen Eishockeycracks »infizierten« erst England, von dort aus ging das neue Spiel nach Deutschland – mit Berlin als Zentrum -, weiter nach Böhmen, Österreich und in die Schweiz. Schweden und Finnland schlossen sich ab 1920 und 1924 an, die Sowjets und Russen – obgleich heute Rekord-Weltmeister – nahmen die Eishockey-Studien erst 1946 auf.

Das Eishockey Ende der 1950er, Anfang der 1960er Jahre war noch ein ganz anderer Sport, als wir ihn heute kennen. Gemächlich ging es zu damals, Schlagschüsse kamen so gut wie gar nicht vor, die Abwehrarbeit war wenig intensiv. Die Spieler brauchten keine schwere Schutzausrüstung, gegen die Kälte half eine Zipfelmütze. Toni Biersack, ein deutscher Nationalverteidiger der Nachkriegszeit, hat dieses Outfit sogar richtig populär gemacht.

In den 1970er und 1980er Jahren entwickelte sich Eishockey dann zum anspruchsvollen Hochleistungssport. Die Athletik der Spieler wurde verbessert, das zweidimensionale Training (weg von den Übungseinheiten ausschließlich nach Feierabend) Pflicht. Die Trainerausbildung übernahmen die Hochschulen, das Spiel selbst wurde zunehmend wissenschaftlich erfasst. Heute kann man aus sechzig Spielminuten Tausende von statistischen Details gewinnen. Entsprechend ausgeklügelt sind die Spielsysteme. Vor allem international wird, sogar von führenden Nationen, eine Defensivtaktik

praktiziert, die es aufbauend auf einer verlässlichen Tor-
hüterleistung dem Gegner kaum erlaubt, Chancen her-
auszukombinieren.

Ein anderer Trend: die Tempoverschärfung. Da fast
alle Mannschaften mit vier kompletten Blöcken antreten können, ist es möglich, die Wechselfrequenz zu
erhöhen. Selten ist eine Fünfer-Formation länger als
40 Sekunden auf dem Eis. In dieser Zeit ist eine ma-
ximale Schnellkraftleistung gefragt. Das intensive
Schlittschuhlaufen bis zur Verausgabung nennt man
»Powerskating«. Beim olympischen Eishockey-Turnier
1992 in Meribel/Albertville war es die sichtbare Neue-
rung.

Die deutsche Nationalmannschaft prägte bei der Weltmeisterschaft 1992 in der ČSFR eine neue Philosophie
des Überzahlspiels: Wenn man einen Mann mehr auf
dem Eis hat, darf man das Spiel auf der Suche nach dem
am besten postierten Spieler nicht verlangsamen, sondern muss das Tempo aus der Auseinandersetzung mit
dem zahlenmäßig gleichstarken Gegner beibehalten.
Das klappte schon ganz gut, Deutschland erreichte als
einzige WM-Mannschaft eine Powerplay-Effektivität
von über 20 Prozent. Das heißt: Jede fünfte Gelegenheit,
in Überzahl zu spielen, wurde mit einem Torerfolg abgeschlossen.

Schnelles athletisches Eishockey in einem strengen taktischen Schema mit Torhütern allererster Güte und
konsequentem Forechecking – das ist moderner zeit-
gemäßer Stil des neuen Jahrtausends.

Die großen Persönlichkeiten

Auch wer mit Eishockey nun wirklich nichts am Hut hat,
vermag zumindest ein paar Namen aus der Szene auf-
zuzählen: Wayne Gretzky, Mario Lemieux, Jaromir Jagr,
Pavel Bure, Viktor Tichonow, Erich Kühnhackl, Udo Kieß-
ling, Xaver Unsinn.

Wayne Gretzky kennt man einfach. Kein anderer Spieler
trug jemals die Nummer 99. Der Kanadier ließ sie sich

einst geben, weil er bei den *Edmonton Oilers* einen Vertrag bis 1999 unterzeichnet hatte. Zwar wechselte Wayne 1989 zu den *Los Angeles Kings* – doch das Markenzeichen blieb ihm. Gretzky hat in der nordamerikanischen Profiliga NHL so ziemlich alle Rekorde inne, und dass er diesen Ausnahmestatus einnehmen würde, zeichnete sich schon ab, als er noch ein 19-jähriger Neuling war.

Es gibt im Eishockey zwei Welten: die nordamerikanische und die europäische. Die Stars aus Übersee können sich mit den Kollegen vom alten Kontinent nur selten messen: Wenn Weltmeisterschaften Ende April/Anfang Mai stattfinden, können lediglich die Cracks der schwächeren NHL-Mannschaften hinfahren, die aus den Finalrunden schon frühzeitig ausgeschieden sind. Wayne Gretzky tauchte deshalb nur einmal bei einer Weltmeisterschaft auf: 1982. Da aber war er gleich der Beste.

Inzwischen haben sich die NHL und der Weltverband darauf geeinigt – auch weil fast alle Topspieler der unterschiedlichsten Länder in der NHL spielen –, wenigstens bei den Olympischen Spielen die besten Nationalmannschaften gegeneinander antreten zu lassen. Seit Nagano 1999 legt die NHL eine kurze Spielpause ein, damit die besten Spieler der Welt um olympische Ehren antreten können. Gretzky nützt dies als Spieler zwar nichts mehr, da er inzwischen nach einer Traumkarriere bei Edmonton, Los Angeles, St. Louis und bei den New York Rangers die Schlittschuhe an den Nagel gehängt hat und als Teamboss der Phoenix Coyotes in die Chefetage wechselte. Dafür betreut er inzwischen die kanadische Nationalmannschaft als Manager.

Als Nummer zwei der NHL gilt noch immer Mario Lemieux aus Pittsburgh. Dass er auch ein besonderer Spieler ist, verdeutlicht ebenfalls die Rückennummer: Der Frankokanadier wählte die »66«. Lemieux hatte bereits seine Karriere beendet und aus eigener Tasche die Pittsburgh Penguins gekauft und vor dem Ruin gerettet, als er sich im Winter 2000 zu einer Rückkehr aufs Eis

entschloss. Und auf Anhieb wieder zum Superstar
wurde.

Als Star gilt auch Eric Lindros, der die »88« trägt. Der
NHL verschloss sich der Wunderknabe allerdings lange.
Durch das in Nordamerika übliche Transfergesetz war er
den *Quebec Nordiques* zugewiesen. Die jedoch hielt der
damals 18-jährige Lindros für einen provinziellen Klub.
Er setzte deshalb einen Transfer nach Philadelphia
durch. Nach einigen erfolgreichen Jahren bei den Flyers
gab es jedoch erneut Ärger zwischen dem Star und seinem Arbeitgeber und zwei Jahre pokerte Lindros um
einen Transfer – seit Herbst 2001 spielt er nun bei den
New York Rangers.

Wayne »The Great One« Gretzky, »Super Mario« Lemieux und Eric »The Next One« Lindros sind die drei
derzeit weltweit bekanntesten Spielerpersönlichkeiten. Dass sie alle drei in der NHL spielten bzw. spielen
hat seinen Grund: Die nordamerikanische Profiliga ist
nicht nur die beste Liga der Welt, seit etwa zehn Jahren
agieren dort auch die besten Spieler aus aller Welt. In
keiner anderen Sportart wird Internationalität so groß
geschrieben.

*Überall wird
Mario Lemieux,
Star-Spieler und
Team-Besitzer
der Pittsburgh
Penguins
in einer Person,
verehrt.*

Gefürchtet als torgefährlicher Stürmer, aber auch als eigenwilliger Vertragspartner bei den Managern: Eric Lindros.

Wer der größte Eishockeyspieler aller Zeiten ist, darüber lässt sich streiten. Neben Gretzky und Lemieux wird zuvorderst jedoch immer ein weiterer Name genannt: Gordie Howe. In den Jahren von 1946 bis 1980 hat der Kanadier den Sport beherrscht wie kein anderer, 1946-71 bei den Detroit Red Wings in der NHL, dann 1973-79 in der WHL (World Hockey Association) – kurzzeitig Konkurrent der NHL – und als krönender Abschluss noch einmal für eine NHL-Saison (1979/80) bei den Hartford Whalers. Während seiner 2.478 Profispiele erzielte Howe 1095 Tore und kam auf 1545 Vorlagen. Immer ein fairer Spieler, schenkte der Crack seinen Gegnern nichts, donnerte wie eine Dampfwalze über das Eis und stellte so eine konstante Gefahr für jede Abwehr dar. Vier Titel gewann er mit den Red Wings und stieg auf diese Weise schnell zur Legende auf. Als er mit 52 Jahren endgültig seinen Rücktritt erklärte, hatte er sich in die Herzen der Eishockeyfans gespielt.

Hull, dieser Name steht seit Jahrzehnten in der NHL ebenfalls ganz hoch im Kurs und wird gleichbedeutend für »Tore am Fließband« verwendet. Zunächst wäre da Hull Senior, Bobby, der zwischen 1957 und 1980 in Detroit, Winnipeg und Hartford auf Torjagd ging. Mit seinen 610 Toren nimmt er Platz 6 auf der »ewigen Torschützenliste« der NHL ein. In seine Fußstapfen trat 1985 Sohn Brett, als er von den Calgary Flames unter Vertrag genommen wurde. Doch die Flames gaben den angehenden Skorer schon drei Jahre später überraschend an St. Louis ab. Bei diesem Team entpuppte er sich als würdiger Nachfolger seines Vaters, war 1989-92 dreimal in Serie Torjäger Nummer Eins der NHL und 1999 maßgeblich am Titelgewinn der Dallas Stars beteiligt. Inzwischen spielt Brett übrigens dort, wo sein Vater einst begann: in Detroit.

Ein »Leader«, so steht es im Lexikon, ist eine Persönlichkeit, die aufgrund ihrer Erfahrung, ihres vorbildhaften Tuns, ihrer Worte und Taten und der Überzeugung, dass Willenskraft Berge versetzen könne, eine Gruppe anführt und lenkt. Im Eishockey steht der Name Mark Messier synonym für diesen Begriff. Wie kein anderer Spieler verkörpert er den Mannschaftsführer, den Teamkapitän par excellence, er trägt das »C« für »Captain« nicht nur zu Recht auf seinem Trikot, für ihn bedeutet es zugleich eine Auszeichnung. Mark Messier gilt als Spieler, der um jeden Puck kämpft, niemals aufgibt und seine Mannschaft immer wieder zu Höchstleistungen anspornt. 1979 bis 1991 spielte er zeitweise zusammen mit Gretzky eine entscheidende Rolle bei den Edmonton Oilers, zur Legende wurde er jedoch, als er 1994 den New York Rangers half, nach 54 Jahren endlich wieder den Titel zu gewinnen.

Der Wettstreit zwischen der früheren sowjetischen, jetzt russischen Nationalmannschaft und den Kanadiern hat legendären Ruf. 1972 standen sich erstmals eine kanadische Profiauswahl und die UdSSR gegenüber und bis zum Zerfall der Sowjetunion waren diese Partien heftig umkämpft, ging es doch stets um den Titel der besten Eishockeynation. Längst gehören russi-

Rechts:
Sergej Fedorov
(Detroit Red
Wings) war
einer der ersten
Russen, die
in der NHL
für Aufsehen
sorgten.

sche Spieler wie Kanadier, US-Amerikaner, Finnen, Schweden und Tschechen zum NHL-Alltag. Einer der ersten Russen, der in der NHL für Furore sorgte, war 1990 Sergej Fedorov bei den Detroit Red Wings. Scotty Bowman, Kanadas Eishockey-Guru und Coach der Red Wings war es, der für seine Mannschaft einen ganzen Block ehemaliger russischer Nationalspieler verpflichtete. Neben Fedorov gehörten Vatcheslav Kozlov, Igor Larionov, Vatcheslav Fetisov und Vladimir Konstantinov dazu. Inzwischen wirbeln Russen in altbekannter Manier fast in jeder NHL-Mannschaft die Reihen ihrer Gegner durcheinander.

Die zweite bedeutende europäische Eishockey-Nation sind die Tschechen, die mit Stürmer Jaromir Jagr (Washington Capitals) und Torhüter Dominik Hasek (Detroit Red Wings) die derzeit besten zwei Spieler der Welt stellen. Auch diese beiden gehören seit Jahren zu den herausragenden Spielerpersönlichkeiten der NHL. Europäische Topspieler, die in der NHL ihr Geld verdienen, sind auch der Finne Teemu Selanne und der Schwede Peter Forsberg, die für zahllose herausragende Spieler dieser skandinavischen Eishockeyhochburgen stehen.

Namen wie Gretzky, Lemieux oder Lindros sind Eishockeyfans geläufig, doch die Liste der Stars ließe sich noch endlos fortsetzen, über Pat Roy, Bobby Orr, Ray Bourque zu den jüngeren Ausnahmekönnern Paul Kariya, Martin Brodeur, Mike Modano, Mats Sundin oder Ollie Kölzig. Richtig gelesen, deutsche Spieler tauchen in der besten Liga der Welt mittlerweile ebenfalls oben auf. Torhüter Kölzig (Washington) verkörpert die neue erfolgreiche Generation deutscher Eishockeycracks. Namen wie Marco Sturm, Sascha und Marcel Goc, Jochen Hecht, Sven Butenschön oder Jan Benda wird man sich merken müssen, eines Tages wird man sie sicher in einem Atemzug mit anderen legendären deutschen Spielern nennen, so mit dem »Langen aus Niederbayern«, Erich Kühnhackl, der nach einer glanzvollen Karriere als Trainer die Geschicke des deutschen Eishockeys mitbestimmt. Oder mit Uwe Krupp, dem ersten Deutschen, der sich 1986 in der NHL etablieren konnte. Höhe-

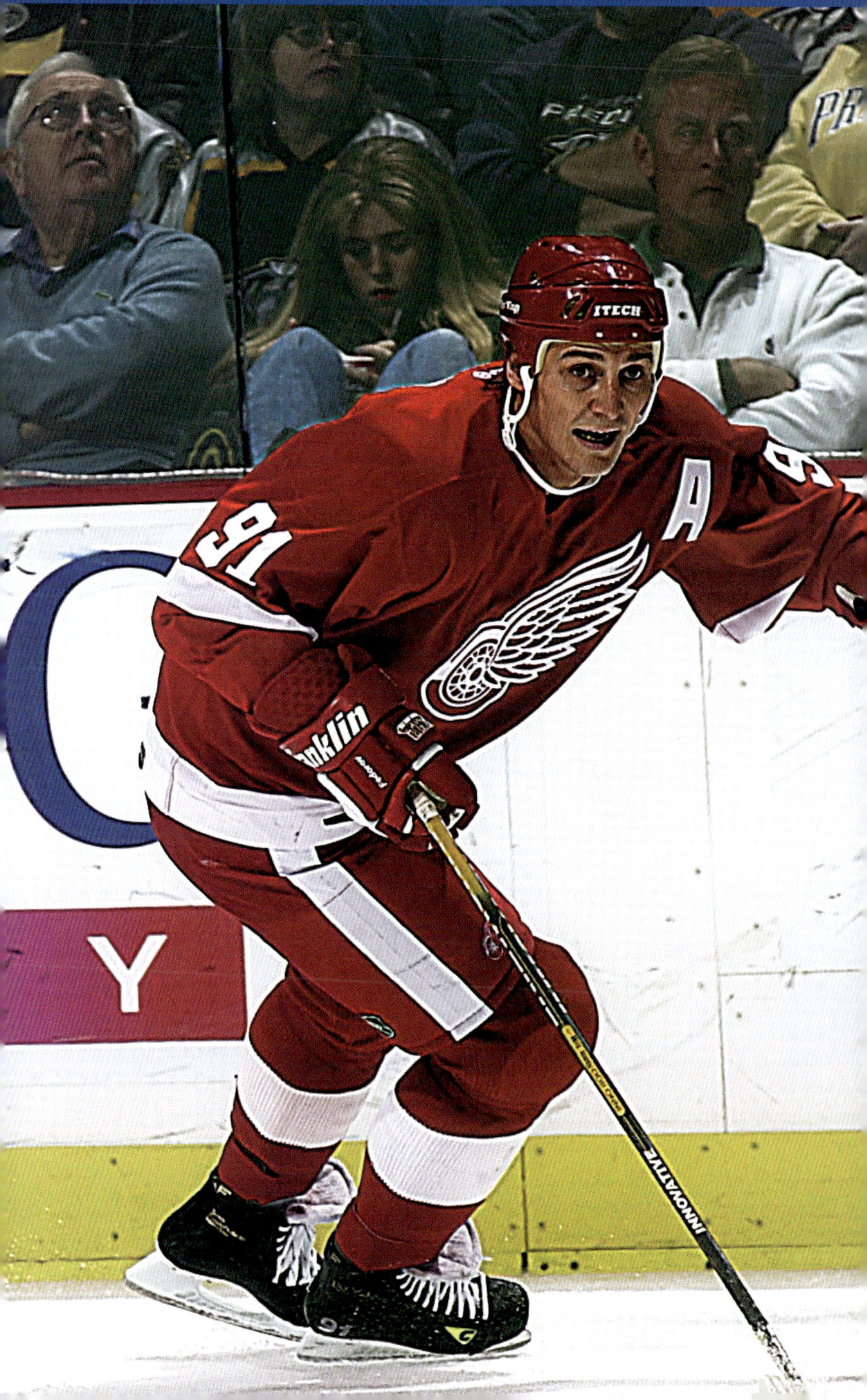
ITECH
91
A
INNOVATIVE

punkt in der Karriere des Verteidigers war der Gewinn des Stanley Cups 1998 mit Colorado, wobei »King Kong« Krupp sogar das entscheidende Tor gelang. Krupp trat damit in die Fußstapfen Udo Kießlings, in den 1970ern und 1980ern einer der besten Abwehrspieler in Europa.

Das Spielfeld

Man unterscheidet ein europäisches und ein nordamerikanisches Spielfeld. Für Europa sind folgende Maße vorgeschrieben: Länge 60 bis 61 m, Breite 29 bis 30 m. Dieses Grundmaß hat in der National Hockey League (NHL) keine Gültigkeit. Aufgrund einer Festlegung in der alten Maßeinheit »foot« sind amerikanische und kanadische Ice-rinks 56 x 26 m groß. Im Ligen-Spielbetrieb der ganzen Welt, ausgenommen der NHL, wird auf großen Flächen gespielt. Sie sind auch bei allen Meisterschaften des Weltverbandes *International Ice Hockey Federation* (IIHF) vorgeschrieben. Umgeben wird das Spiel von einer 120 bis 122 cm hohen Bande. Seit einigen Jahren sind die Stadioneigner angehalten, auf die Bande eine Plexiglas-Umrandung zu setzen, die hinter den Toren natürlich entsprechend höher sein muss, um den Zuschauer vor fliegenden Scheiben zu schützen. Nur an der Seite, wo die Mannschaftsbänke stehen, bleibt die Bande vom Glas frei. In unteren Ligen wird statt des teuren bruchsicheren Materials auch ein schlichtes Fangnetz geduldet.
Nehmen wir nun ein Spielfeld mit den Norm-Maßen 60x30 cm. Zunächst fallen uns zwei schmale (5 cm) rote Linien auf – jeweils 4 m vom Bandenende entfernt, die sich über die gesamte Breite des Feldes ziehen. Das sind die Torlinien, auf die dann auch die Tore gestellt werden. Ganz im Gegensatz zum Fußball sind die Tor- keine Auslinien, im Eishockey wird auch hinter ihnen weitergespielt. Ein besonderer Reiz, eine zusätzliche Dimension des Spiels.
In der Mitte des Spielfeldes sehen wir eine 30 cm dicke rote Linie, jeweils 8,50 m links und rechts von ihr eben-

so breite blaue Linien. Einmal rot, zweimal blau – sie sorgen für die charakteristische Drittelung des Eishockey-Feldes.

Den Raum von der Bande hinterm Tor bis zur ersten blauen Linie nennt man aus der Sicht einer Mannschaft die Abwehrzone. Als neutrale Zone gilt der Raum zwischen den zwei blauen Linien. Von der roten Linie wird die neutrale Zone noch in zwei Hälften geteilt. Dritter Teil des Feldes ist die Angriffszone. Für den Gegner verläuft die Einteilung genau umgekehrt.

Was noch ins Auge fällt, sind fünf große Kreise mit einem Radius von 4,5 m und jeweils einem dicken Punkt in der Mitte. Zwei dieser Kreise liegen in Abwehr- und Angriffszone, einer im neutralen Drittel exakt im Zentrum des Spielfelds. Das sind die Anspielkreise, wo der Puck vom Schieds- oder Linienrichter eingeworfen wird, nachdem es eine Spielunterbrechung gegeben hat. Vier weitere Punkte zur Wiederaufnahme einer Partie befinden sich in der neutralen Zone. Sie haben keinen Kreis.

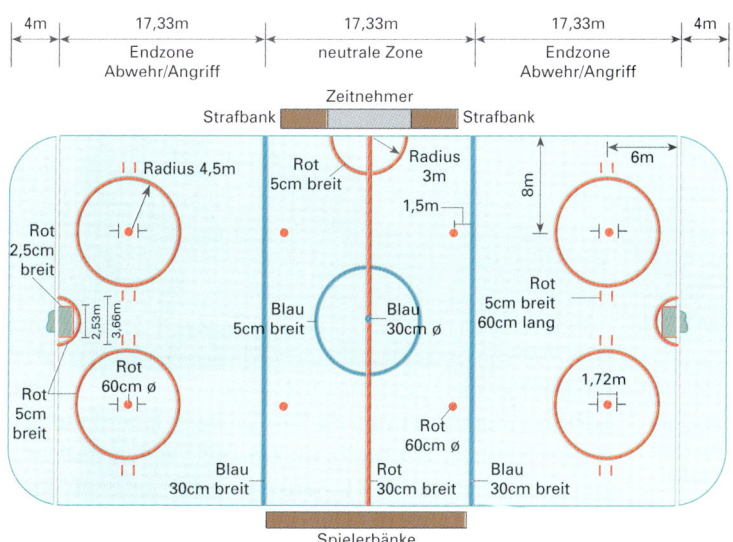

Spielfeld – 60 m Länge, 30 m Breite

Der Torraum ist für die Stürmer tabu ...

Auf die Torlinien werden die Tore gestellt: Ihre Maße betragen: Höhe 122 cm, Breite 183 cm. Das alles wird »licht« gerechnet, also von den Innenkanten der Seitenpfosten und der Unterkante der Querlatte aus. Vor den Toren ist ein Torraum ins Eis gezeichnet. Das Format: 253 mal 122 cm. Die dritte Dimension, die Höhe, muss man sich ge-

danklich vorstellen: Sie entspricht der Höhe des Tores, also 122 cm. In diesem Torraum ist der Torhüter unangreifbar, schon das harmloseste Anrempeln gilt als Sakrileg und hat zumeist sofortige Auseinandersetzungen unter den rivalisierenden Spielern zur Folge.

Seit der Saison 1992/93 gibt es zudem einen um den Tor-

... Szene aus NHL-Partie Toronto Maple Leafs (weiß) gegen Dallas Stars.

raum gezogenen Halbkreis – eine weitere Maßnahme zum Schutz der Torhüter.

Einen Halbkreis finden wir auch noch an der Seite des Spielfeldes auf mittlerer Höhe vor dem Pult, an dem Stadionsprecher und Zeitnehmer sitzen. In einem Radius von 3 m ist hier der Schiedsrichter König: Eine Schutzzone, die kein Spieler betreten darf. Zu jeder Seite des Zeitnehmer-Tisches steht überdies eine Bank. Cracks, die eine Zeitstrafe zugesprochen bekommen haben, müssen sich dort setzen.

Die Spielzeit

Im Eishockey wird die »reine« Spielzeit gemessen. Das bedeutet: Bei jeder Unterbrechung wird die Uhr angehalten. Ein Modell, über dessen Einführung man auch im Fußball zumindest nachgedacht hat. Denn: Es erlaubt keine Spielverzögerungen, ist gerechter.

Die Eishockey-Spielzeit beträgt 3 mal 20 Minuten – inzwischen auch bei den Damen. Lediglich Nachwuchsspieler, die nicht älter als 14 sind, dürfen sich mit 3 mal 15 begnügen.

Wie lange schon gespielt wird in einem Match, das muss für alle Beteiligten jederzeit gut sichtbar sein. Deshalb muss es in jedem Eisstadion mindestens eine Spieluhr geben. Noch besser ist ein elektronisch gesteuerter großer Würfel, der über der Mitte der Eisfläche hängt und auf allen vier Seiten die nötigen Informationen aufleuchten lässt.

Was man von einer guten Spieluhr auf alle Fälle ablesen können muss:

- Spielzeit (wie lange wurde schon gespielt, oder: wie lange wird noch gespielt in einem Drittel?)
- Strafzeiten (zwei Felder für jede Mannschaft plus Anzeigemöglichkeit einer Disziplinarstrafe)
- Spielstand nach Toren
- Anzeige, in welchem Drittel man sich befindet

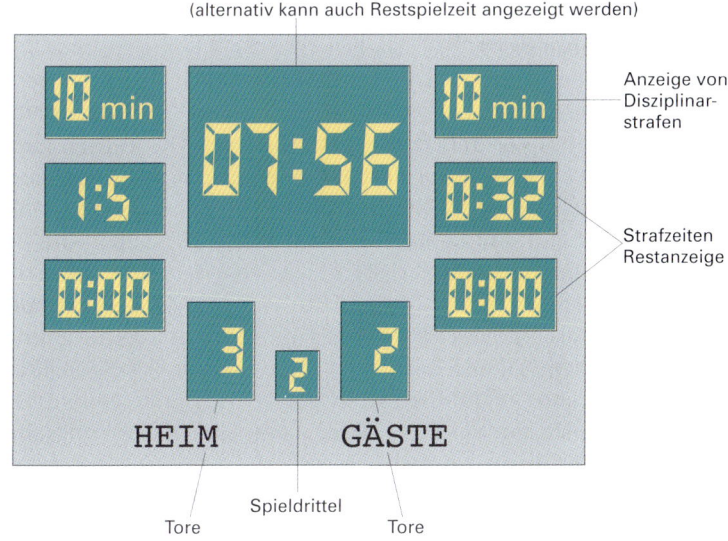

Beispiel für eine Anzeigetafel mit Grundfunktionen

Spieluhren sollten zudem mit einem akustischen Signal (Sirene) gekoppelt sein, um das Ende eines Spieldrittels auch hörbar anzuzeigen.

Die Regeln

Ach, das Spiel hat auch Regeln? Außenstehende wundern sich oft darüber: Schließlich krachen im Eishockey die Körper bisweilen ganz schön heftig aufeinander. Doch keine Bange: Alles ist streng reglementiert.
Klären wir zunächst die ganze banale Frage: Wie darf ein Tor geschossen werden? Grundsätzlich von jedem Fleck des Spielfeldes aus – einen ausgenommen: den Torraum vor dem Kasten, in den man den Puck bringen will. Steht der angreifende Spieler in diesem Torraum, wird ein eventuell fallender Treffer ungültig. Steht der Angreifer schon mit nur einem Schlittschuh auf der Tor-linie – auch ungültig. Was hingegen erlaubt ist: einen im Torraum liegenden Puck ins Tor zu bugsieren – so lange

man die verbotene Zone nicht selbst betritt. Ansonsten hat der Schläger des Stürmers im gegnerischen Torraum nichts zu suchen.

Den Torraum sollte man also möglichst meiden beim Versuch, zu einem Treffer zu kommen. Doch von überall sonst her darf der Schuss kommen. Theoretisch kann sich sogar der Torwart daran versuchen, sein Gegenüber zu bezwingen. Allerdings sind die Chancen sehr gering: Es gibt nur wenige Torhüter, denen als Keeper Tore gelangen. Ron Hextall heißt solch ein Zauberer, der in der NHL sogar zwei Tore erzielte. Was sein Kunststück indes einschränkt: Er traf jeweils ins leere Netz, als die gegnerische Mannschaft in der Schlussphase, um einen Rückstand aufzuholen, den Torsteher herausgenommen hatte, um auf diese Weise einen zusätzlichen Angreifer ins Spiel zu bringen.

Nächste Frage: *Womit* darf ein Tor erzielt werden? Klarer Fall: Dazu ist vorrangig der Schläger da. Der Schlittschuh sollte aus dem Spiel bleiben. Wird ein Spieler jedoch am Schlittschuh getroffen und der Puck nimmt von dort aus seinen Weg ins Tor, gilt der Treffer – vorausgesetzt, es erfolgte keine Bewegung des Fußes in Richtung Tor. Anders verhält es sich bei einer bewussten Bewegung – da darf ein Treffer dann keine Anerkennung finden.

Das Abseits

Wichtigstes Element im Eishockey ist das Passspiel. Wir haben erfahren, dass ein Spielfeld in drei Zonen aufgegliedert werden kann: Abwehr-, neutrale und Angriffszone. Innerhalb jeder Zone spielen sich die Akteure die Scheibe zu, wie sie wollen. Doch beim Überschreiten der Zonen-Grenzen müssen sie aufpassen: Leicht verursacht man dabei eine Abseitsstellung.

Abseits – das ist im Eishockey ein vielschichtiger Begriff. Und: Ein Abseits kann schon im eigenen Drittel seinen Anfang nehmen ...

Wenden wir uns zunächst dem klassischen Abseits zu. Das findet beim Übergang von der neutralen in die Angriffszone statt. Hier gilt grundsätzlich: Ein Spieler der angreifenden Mannschaft darf nicht vor dem Puck die blaue Linie überschreiten. Und wenn alle fünf gegnerischen Feldspieler noch zwischen dem stürmenden Team und dem Tor stehen – ganz egal. Fußball-Maßstäbe gibt es hier nicht.

Wichtig: Abseits ist der angreifende Spieler erst, wenn er die blaue Linie mit beiden Schlittschuhen überschritten hat, auch der Puck muss voll drüber sein. Im Eishockey gibt es den Grundsatz, dass eine Linie immer zu der Zone gehört, aus der die Scheibe gespielt wird. Kommt der Puck aus der neutralen Zone, gehört dieser auch noch die blaue Linie an.

Die Abseitsregelung, dass der Angreifer sich nicht vor dem Puck im Angriffsdrittel befinden darf, gilt auch in diesem Fall: Die angreifende Mannschaft hat sich in der Zone vor des Gegners Tor eingenistet und macht Druck. Ein Rückpass zu einem Verteidiger, der an der blauen Linie in Schussposition steht, misslingt ein wenig, die Scheibe rutscht einige Zentimeter über die blaue Linie in die neutrale Zone. Würde der Verteidiger das Spielob-

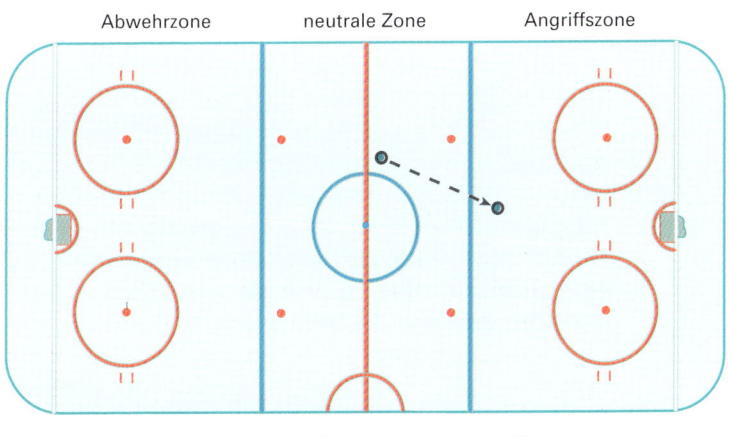

Abwehrzone   neutrale Zone   Angriffszone

● angreifender Spieler   – – – ➔ Pass

Klassisches Abseits: Spieler ist vor der Scheibe in der Angriffszone

27

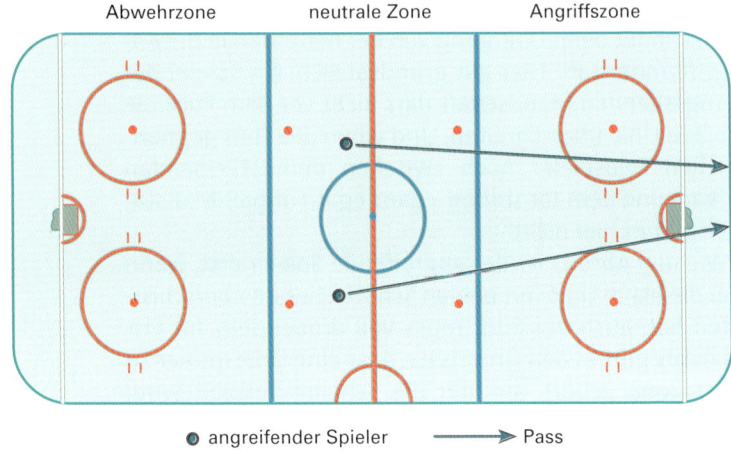

Abwehrzone   neutrale Zone   Angriffszone

● angreifender Spieler   ———▶ Pass

Oben: Icing (unerlaubter Weitschuß aus der eigenen Hälfte)
Unten: Kein Icing (Scheibe geht durch Torraum bzw. den ab 1992/93
neu festgelegten Kreis)

jekt nun einfach wieder hineinschießen in das Angriffsdrittel, stünden wohl gleich vier Mann im Abseits – es
träfe zu, dass sie eher als der Puck eingedrungen wären.
Um ein Abseits zu vermeiden, müssen alle angreifenden Spieler hinter die blaue Linie zurück, der Angriffs-
zug neu aufgebaut werden.
Früher wurde sofort abgepfiffen, wenn die Scheibe in
die Angriffszone geriet und dort schon ein Akteur der
attackierenden Truppe postiert war. Doch oft hatte dieser, da der Pass ungenau oder eher zufällig war, gar
keine Chance, heranzukommen. Aus der NHL wurde die
Regelung übernommen, dass man dann auch weiterspielen kann, um nicht das Tempo aus der Partie zu nehmen. Voraussetzung ist, dass der angreifende Spieler,
der die Scheibe verfehlt hat, aus dem Angriffsdrittel
herausfährt. Anschließend kann er sofort wieder hinein
und den Verteidiger angreifen, der mittlerweile den
Puck aufgenommen hat.
Neben dem klassischen Abseits gab es in der Spielpra-
xis sehr oft auch das Zwei-Linien oder Centerline-Ab-
seits. Nach einer neuen Regeländerung fällt dieses Abseits weg, damit der Spielfluss verbessert wird.

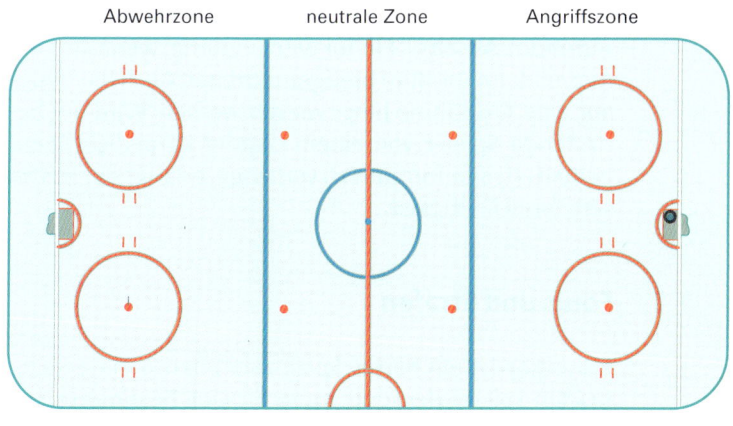

Abwehrzone   neutrale Zone   Angriffszone

● angreifender Spieler

Torraumabseits

Eine weitere Abseits-Regelung ist die des *Icing*, das man auch »unerlaubter Weitschuss« nennt. Maßgebend dafür sind rote Mittelinie und gegnerische Torlinie. Wir die Scheibe aus der eigenen Hälfte geschossen, und überschreitet sie die Torlinie, hat ein »unerlaubter Weitschuss« stattgefunden. Ausnahme: Die Torlinie wird im Bereich des Torraums und des ihn umgebenden Halbkreises überschritten – dann liegt kein Icing vor. Und natürlich darf aus einem Weitschuss heraus ein Tor erzielt werden.

Die gesamte Icing-Regel gilt nicht, wenn die den Weitschuss verursachende Mannschaft sich durch eine Strafzeit bedingt in Unterzahl befindet.

Früher wurde übrigens erst dann auf Icing entscheiden, wenn ein Spieler der verteidigenden Mannschaft die Scheibe hinter der Torlinie berührt hatte. Den Angreifern bot sich da noch die Möglichkeit, den Weitschuss aufzunehmen, wenn sie selbst zuvor an den Puck kamen. Weil es an der Bande aber zu viele heftige Zusammenprall-Situationen mit Verletzungsfolge gegeben hatte, wurde die Regel 1990 geändert. Viele Trainer bedauern dies, weil das Spiel dadurch verlangsamt wird.

Eine weitere Spielart des Abseits kennen wir schon: das »Torraum-Abseits«. Ein Tor wird ungültig, wenn sich ein Angreifer im Torraum breitgemacht hat. Auch hier muss auf eine Ausnahme hingewiesen werden: Wird der betreffende Spieler von einem Gegner körperlich daran gehindert, den Torraum zu verlassen, erlangt ein Treffer sehr wohl Gültigkeit.

Fouls und Strafen

Eishockey ist ein hartes Spiel, aber ebenso ein gerechtes. Ein Spieler, der foult, muss für eine bestimmte Zeit vom Feld – das ist die persönliche Strafe. Die Mannschaft kommt auch nicht ungeschoren davon, denn sie hat für die vorgegebene Zeit auf dem Eis somit einen Akteur weniger. Ein Vorteil für den Gegner, der nun sein Überzahlspiel aufziehen und leichter zum Torerfolg kommen kann.

Was ist ein Foul, was ist noch regelgerecht? Die Grenzen sind im Eishockey oft fließend. Wenn man seinen Kontrahenten mit beiden Armen umfasst und festklammert, wird das in der Regel – und mag es noch so sanft geschehen sein – als Foul namens »Halten« gewertet und mit zwei Strafminuten belegt. Andererseits ist ein sauberer *Bodycheck*, bei dem der Verteidiger den Stürmer auf sich zufahren lässt, sich duckt und den Kontrahenten spektakulär zum Fliegen bringt, durchaus regelgerecht und überhaupt nicht strafbar. Wichtig: Körperspiel ist eigentlich nur gegen einen puckführenden Crack erlaubt – auch wenn die Rasanz dieses Sports es mit sich bringt, dass die anderen Spieler ab und an ebenso »touchieren«.

Von zwei Minuten bis »lebenslang«

Die am häufigsten ausgesprochene Strafe ist die »kleine Strafe«. Sie geht stets über zwei Minuten reine Spielzeit und wird vergeben bei Vergehen wie

- Festhalten des Gegners
- Haken des Gegners mit dem Stock
- Beinstellen (heißt: nicht das eigene Bein wird einge-
  setzt, sondern der Gegner wird durch Einwirken auf
  sein Bein gestört)
- Unkorrekter Körperangriff
- Crosscheck ohne Verletzungsfolge (beim Crosscheck
  hält man den Schläger quer mit beiden Händen und
  drückt ihn auf den Gegenspieler)
- Check gegen die Bande (mit mehr als zwei Schritten
  Anlauf)
- Ellbogen- und Kniecheck
- Stockschlag
- Übertriebene Härte (eher harmlose, kurze Rauferei
  aus der Emotion heraus, bei der die Handschuhe an-
  behalten werden)

Rangeleien, wie hier zwischen München und Mannheim (blau) im DEL-Finale 2001, gehören zum Eishockey.

- Behinderung (ein Foul, das immer gegen einen nicht in Scheibenbesitz befindlichen Spieler begangen wird; man schlägt ihm den Stock aus der Hand, hindert ihn am Aufstehen)

Des Weiteren werden zwei Minuten fällig bei Regelverstößen, die keine Fouls sind. Etwa:

- Weiterspielen mit gebrochenem Schläger (dadurch entsteht Verletzungsgefahr für die anderen)
- Absichtliches Verschieben des Tores
- Gebrauch einer unkorrekten Ausrüstung
- Festhalten des Pucks
- Einklemmen de Pucks an der Bande ohne Not (Spielverzögerung)
- Vorzeitiges Verlassen der Strafbank
- Überschreiten der Mittellinie durch den Tormann
- Beförderung der Scheibe aus dem Spielfeld durch den Tormann
- Reklamieren, Nichtanerkennen einer Schiedsrichter-Entscheidung
- Nicht-Verlassen des Eises bei Verletzung

Die Zwei-Minuten-Strafe gibt es noch in einer anderen Form: nicht als Individual-, sondern als Bankstrafe. Sie wird ausgesprochen, wenn eine Mannschaft zu viele Feldspieler auf dem Eis hat, Offizielle an der Bande Gegenstände aufs Eis werfen, beim Spielerwechsel die Pause hinausgezögert wird. Dann muss ein vom Coach oder Kapitän bestimmter Spieler die Zwei-Minuten-Strafe absitzen. Waren zu viele Cracks auf dem Eis, muss einer von ihnen die Strafe absitzen.

»Große Strafen« werden mit fünf Minuten veranschlagt. Sie werden immer dann fällig, wenn sich durch ein Foul eine Verletzung ergeben hat oder eine Aktion wie etwa ein Bandencheck besonders brutal ausgefallen ist. Stöße und Stiche mit Stock und speziell seinem Ende sind ebenso Anlass für eine fünfminütige Verbannung. Nimmt eine Rauferei einen zu harten Verlauf, kann der Schiedsrichter ebenfalls mit großen Strafen reagieren.

Im letzten Jahrzehnt haben die Stockfouls zugenommen. Um sie zu unterbinden, ist man dazu übergegangen, Stockvergehen schwerer Art mit einer großen Strafe von fünf Minuten und zusätzlich einer Spieldauer-Disziplinarstrafe zu ahnden. Seine fünf Minuten muss ein Spieler absitzen, die Mannschaft darf ihn auf dem Eis nicht ersetzen in dieser Zeit. Danach wird der Sünder unter die Dusche geschickt, sein Team spielt in voller Stärke weiter.

Die Disziplinarstrafe dauert zehn Minuten, ist aber nicht so gravierend wie die Fünf-Minuten-Strafe. Meist wird sie vergeben für Diskussionen mit dem Schiedsrichter (die nur der Kapitän eines Teams oder dessen Stellvertreter führen dürfen), bei Beleidigung von Offiziellen oder Zuschauern, Wegschießen des Pucks bei einer Unterbrechung sowie zornigem Schlagen des Stockes aufs Eis oder gegen die Bande (unsportliches Verhalten). Die Disziplinarstrafe trifft auch nur den Spieler, der sich für zehn Minuten in die Kühlbox zurückzuziehen hat, nicht aber die Mannschaft. Die darf in voller Stärke weitermachen.

Nächste Seite: Der Schiedsrichter hat Geduld: Die beiden NHL-Raufbolde werden gleich nach ihrer »Einlage« auf die Strafbank geschickt.

Hinein ins Getümmel – die Schiedsrichter sind stets gefordert, hier bei einer NHL-Partie zwischen Toronto (weiß) und Edmonton.

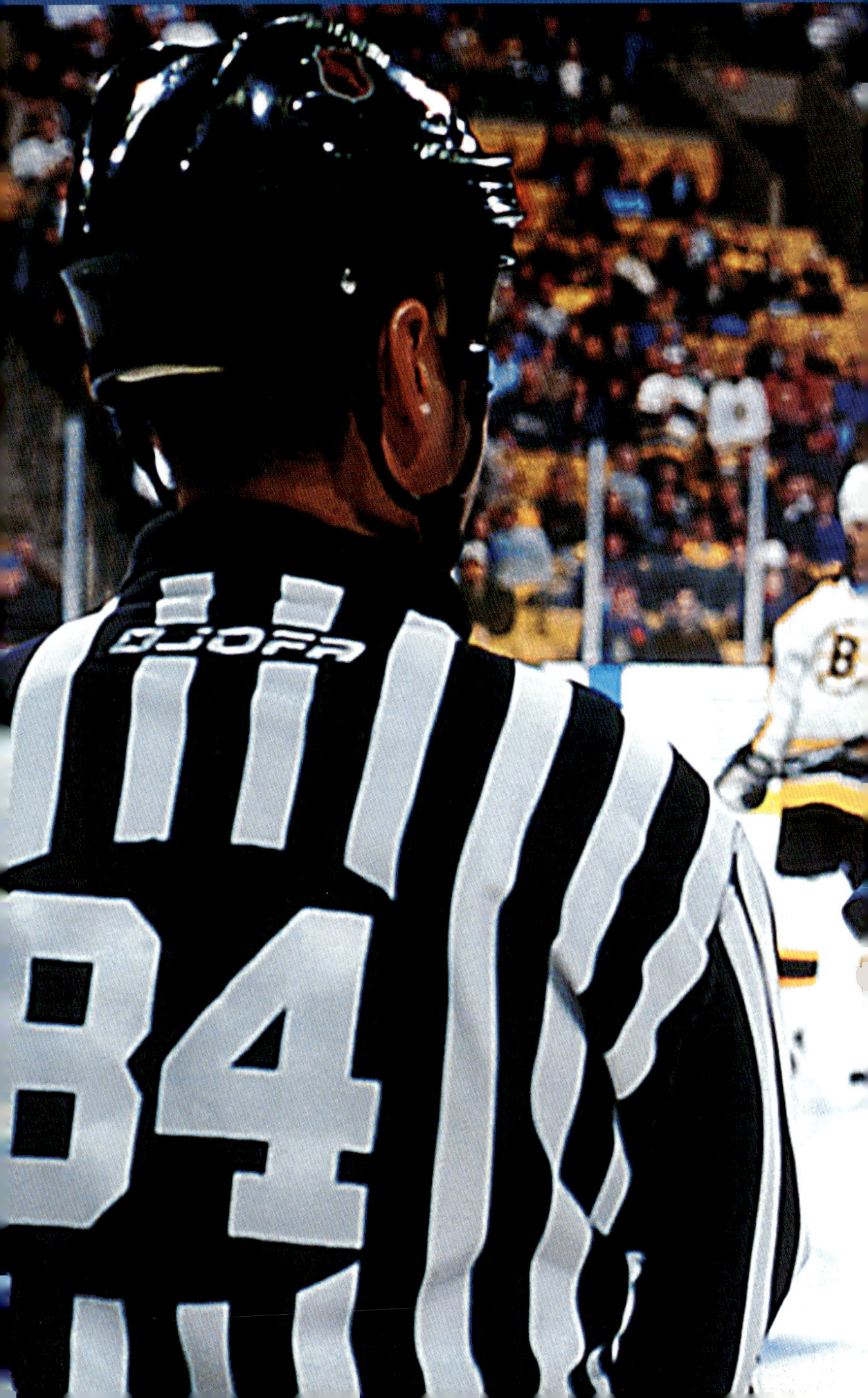

Wer in einem Match zweimal fünf oder zweimal zehn Strafminuten ansammelt oder ein schweres Stockfoul mit Verletzungsfolge begeht, erhält automatisch eine Spieldauer-Disziplinarstrafe. Folge: sofortiges Ausscheiden aus dem Spiel und – wenn es in einer offiziellen Meisterschafts- und nicht in einer Freundschaftspartie war – Sperre fürs nächste Match.

Eine Spieldauer-Disziplinarstrafe muss der Unparteiische auch aussprechen, wenn sich außerhalb des Spielfeldes eine Schlägerei entwickelt hat. Das passiert schon mal in der Drittelpause auf dem gemeinsamen Weg der Spieler in die Kabinen.

Ein Fall, zu dem es im Spiel kommen kann: Eine Auseinandersetzung auf dem Eis – ein Spieler, der auf der Ersatz- oder Strafbank sitzt und eigentlich nicht beteiligt ist, springt ins Feld, um mitzumischen. Klare Reaktion des Schiedsrichters auch hier: Spieldauer-Disziplinarstrafe.

Eine Steigerungsmöglichkeit ist die Matchstrafe. Sie wird angewendet, wenn Spieler eine Schlägerei trotz Ermahnung fortsetzen, wenn ein Wildgewordener die Handschuhe wegwirft, um mit der blanken Faust tätlich zu werden, bei Schlägerei über die Bande hinweg, bei Tritten mit dem Schlittschuh, was durch die scharfe Kufe zu schweren Verletzungen führen kann. Bei einer Matchstrafe muss der betroffene Crack sofort in die Kabine – und einer seiner Kollegen für ihn noch eine große Strafe absitzen. Die Mannschaft ist also für fünf Minuten auch noch zahlenmäßig auf dem Eis geschwächt.

Über die Sperre auf eine Matchstrafe hin muss immer das Sportgericht des Verbandes entscheiden. Üblich ist, dass der Sünder vier bis acht Partien aussetzt.

Eine absolute Rarität ist die sogenannte »schwere Disziplinarstrafe«, die sogar bis zu einer lebenslänglichen Sperre führen kann. Was muss da geschehen sein? Beispiele: Ein Spieler verprügelt Schieds-, Linienrichter oder Zeitnehmer; ein Trainer oder Funktionär kann sich dieser Tat ebenfalls schuldig machen. Es kam auch schon vor, dass ein Spieler absichtlich den Puck auf den Referee feuerte.

Penalty und andere Besonderheiten

Nach der Auflistung der Strafen nun noch zu einigen Besonderheiten der Eishockey-Regeln.

Der Tormann genießt bestimmte Privilegien: Zwei-, Fünf-Minuten und einfache Disziplinarstrafen, die gegen ihn ausgesprochen werden, braucht er nicht selbst abzusitzen (das macht dann ein Feldspieler): Er selbst behält seinen Platz im Tor. Lediglich bei einer Spieldauer-Disziplinar- oder einer Matchstrafe, die ihn betrifft, muss auch er weichen.

Bei bestimmten Spielsituationen kann der Schiedsrichter auf ein Foul auch mit Penalty reagieren. Einen solchen zu pfeifen, ist angebracht, wenn ein Stürmer mit der auch aus dem Fußball bekannten »Notbremse« (bevorzugt von hinten) zu Fall gebracht wurde, nachdem er allein auf den gegnerischen Tormann zustrebte. Grundsätzlich fällig wird ein Penalty, wenn Torhüter oder Verteidiger den Stock werfen, um den Angreifer von seinem Torvorhaben abzubringen. Insgesamt sieht man Strafschüsse oder Penalties aber recht selten, Strafzeiten hingegen sind die Regel.

Wer führt den Penalty aus? Einige Zeit war vorgeschrieben, dass der Gefoulte dazu selbst antreten müsse. Heute wird der Schütze vom Kapitän oder Trainer bestimmt. Die wählen dann meist einen technisch versierten Stürmer aus. Nicht berücksichtigen dürfen sie einen in diesem Moment auf der Strafbank sitzenden Mannschaftskameraden.

Beim Penalty fährt der ausführende Spieler vom Mittelkreis aus allein und vorwärts (ohne große Bögen, sondern auf direktem Weg) auf den Torhüter zu. In dem Moment, wo der Angreifer die Scheibe aufnimmt, darf der Keeper seinen Torraum verlassen und – wenn er das für angebracht hält – dem Gegner entgegenstreben. Weit bewegen sich die guten Schlussleute allerdings nie aus ihrem Kasten. Der Spieler kann den Torhüter austricksen oder es mit einem Schuss versuchen. Schließt er allerdings einmal ab, bleibt keine Nachschuss-Chance.

Per Penaltyschießen werden auch Spiele entschieden, die nicht unentschieden enden dürfen (wie in den Playoffs). Fällt auch in der Verlängerung kein Tor, bekommt jede Mannschaft fünf Penalties. Stehen beide Teams danach immer noch gleich, geht es mit jeweils einem Penalty weiter – wobei nun zuerst die Mannschaft schießt, die im ersten Durchgang als Zweite dran war. Es ist dann wie beim Elfmeterschießen im Fußball: Der nächste Penalty kann entscheiden.

Manchmal kann im Spiel auch ohne vorangegangenes Foul ein Penalty verhängt werden. Dies ist der Fall bei absichtlichem Verschieben des Tores oder Spielen mit zuviel Mann – sofern es in den letzten zwei Minuten geschieht. Die benachteiligte Mannschaft kann dann wählen, ob der sich verfehlende Gegner mit Penalty oder kleiner Strafe gemaßregelt wird. Liegt man 3:4 hinten, wird man wohl die Chance des Penalty wahrnehmen. Alleingang auf den Torwart – da stehen die Chancen 50:50. Liegt man hingegen mit einem Tor vorn, empfiehlt es sich, den Puck in den eigenen Reihen zu halten – und das geht am beten im Überzahlspiel, wenn der Gegner eine Strafzeit verbüßt.

Was nur wenige wissen: Prinzipiell hat jede Mannschaft, die die Chance eines Penalties erhält, auch die Möglichkeit, statt dessen eine Strafzeit für den Gegner zu verlangen. Doch inmitten des Spiels wird eigentlich stets der Penalty gewählt und die Option, den Gegner mit Strafzeit zu schwächen, fallen gelassen. Solange die Partie noch nicht in der entscheidenden Phase ist, nimmt man – auch unter dem Druck des Publikums – jede Gelegenheit zu einem Torerfolg wahr. Man kann einen Rückstand verkürzen oder ausgleichen, einen Vorsprung ausbauen. Erst am Schluss wird taktiert.

Fliegender Wechsel

Weitere Besonderheiten der Eishockey-Regeln: Spieler dürfen »frei und fliegend« gewechselt werden – nur am Anfang des Spiels herrscht eine strenge Ordnung, wer auf das Eis darf. Auf dem Spielberichtsbogen, wo beide Teams ihre Aufstellung angeben, müssen die sechs Akteure (ein Torhüter, zwei Verteidiger, drei Stürmer) gekennzeichnet sein, die beginnen. Ein vom Schiedsrichter bemerkter Verstoß gegen die Startaufstellung wird mit einer Bankstrafe geahndet.

Unkorrekte Ausrüstung

Eine Zwei-Minuten-Strafe kann man auch für »unkorrekte Ausrüstung« aufgebrummt kriegen. Vor allem die kanadischen Trainer haben da einen ganz bestimmten Trick ...

Sie schauen sich schon beim Warmschießen vor dem Spiel ganz genau die Schläger des Gegners an. Es ist nämlich im Eishockey durchaus üblich, dass man die Stockschaufeln ein wenig präpariert, ihnen mit Hilfe eines Haarföns eine stärkere Krümmung als eigentlich erlaubt beibringt. Das hat den Vorteil, dass man die Scheibe leichter hochbekommt, sie besser schlenzen kann. Entdeckt der Trainer nun einen dieser wohlvorbereiteten Stöcke, behält er den Spieler, der sich dieses Hilfsmittels bedient, gut im Auge. Und wenn etwa bei einem Rückstand kurz vor Schluss ein Überzahlspiel, sprich: eine Strafzeit für die andere Mannschaft benötigt wird, meldet der Coach beim Schiedsrichter die »unkorrekte Ausrüstung« des gesichteten Cracks an. Der Unparteiische misst die Schaufel, und sollte sie tatsächlich zu stark gekrümmt sein, setzt es dafür zwei Strafminuten. War jedoch der Schläger in all seinen Maßen korrekt (oder konnte dem Unparteiischen noch schnell ein anderer Stock zur Überprüfung untergejubelt werden, was auch vorkommt bei einem cleveren Team), so erhält die Mannschaft des vergebens reklamierenden Trainers eine Bankstrafe. Es ist also immer ein etwas riskantes Unterfangen, den Gegner auf diese Art schwächen zu wollen. Aber legitim. Und so beispielsweise im NHL-Finale 1993 zwischen Montréal und Los Angeles passiert. Montréal nutzte die Strafzeit und feierte den vorentscheidenden Sieg.

Unter- bzw. Überzahlspiel

Wenn nun gegen einen Spieler eine Strafe ausgesprochen wird, kommt es immer zu einem zahlenmäßigen Ungleichgewicht auf den beiden Seiten. Zu einer Überzahl- oder, aus Sicht der benachteiligten Equipe, Unterzahlsituation.

Wichtig dabei: Egal, wie viele Strafen der Schiedsrichter ausspricht – eine Mannschaft bleibt immer mit mindestens drei Feldspielern und ihrem Tormann auf dem Eis vertreten. Das bedeutet, dass maximal zwei Strafzeiten gleichzeitig abgesessen werden können. Alle anderen werden aufgeschoben, sie treten erst in Kraft, wenn die vorangegangenen abgelaufen sind.

Eine Zwei-Minuten-Strafe dauert nicht unbedingt immer zwei Minuten. Kassiert die in Unterzahl befindliche Mannschaft ein Tor, so ist damit die Strafzeit beendet. Dies gilt aber nur bei kleinen Strafen, die großen über fünf Minuten müssen immer ganz abgesessen werden – mögen noch so viele Tore fallen ...

Sind beide Mannschaften durch Strafzeiten gleichermaßen reduziert, agieren sie beispielsweise mit vier gegen vier Feldspielern, dann bleibt die Personalstärke auch bei einem Tor unverändert.

Für Teams mit technisch versierten Cracks ist eine Vier-gegen-drei-Überzahl reizvoller als eine Fünf-gegen-vier-Situation, weil einfach mehr Raum für Kombinationen zur Verfügung steht. Das hatte zur Folge, dass eine Mannschaft wie die *Edmonton Oilers* in der NHL, wenn sie mit fünf gegen vier spielte, möglichst schnell eine kleine Auseinandersetzung provozierte (mit Strafzeiten für beide Seiten), um in den Genuss einer Vier-gegen-drei-Überzahl zu gelangen. Die Oilers hatten seinerzeit noch Superstar Wayne Gretzky und dessen kongenialen finnischen Partner Jari Kurri in ihren Reihen, und wenn die Platz hatten für ein Powerplay, waren sie nicht mehr aufzuhalten.

Dass eine solche Situation also durch ein bewusstes Fehlverhalten von Spielern, durch Provokation, herbeigeführt werden konnte, war Anlass, diese Regel zu überarbeiten. Seit gut zwei Jahren gilt folglich weltweit dieser Satz: Wenn bei einer Situation fünf gegen vier die gleiche Anzahl von Spielern beider Mannschaften die gleiche Anzahl von kleinen Strafen erhält, können die Spieler auf dem Eis sofort ersetzt werden.

Im Klartext: Wird fünf gegen vier gespielt und erhalten je ein Spieler von Team A und B zwei Strafminuten, so geht es mit fünf gegen vier weiter. Die »Verurteilten« begeben sich jedoch auf die Strafbank und bringen dort ihre zwei Minuten zu, warten auf die erste Unterbrechung nach Ablauf der Strafe und kehren dann zu ihrer Mannschaftsbank oder aufs Eis zurück.

Die Regel greift auch, wenn bei fünf gegen vier je zwei Spieler von Team A und B mit gleich vielen kleinen Strafen hinausgestellt werden. Oder wenn je einer von A und B mit zwei plus zwei Minuten (für doppeltes Vergehen, zum Beispiel Halten plus übertriebene Härte) hinausgestellt wird. Nicht jedoch kommt die Regel zur Anwendung bei fünf gegen drei oder vier gegen drei. Und nicht bei großen Strafen.

Taktik und Spielsysteme

In seiner Anfangszeit war das Eishockey ein Freistil-Sport. Man spielte kreativ, wie es einem einfiel und gelang. Taktische Zwänge? Weitgehend unbekannt. Das hat sich geändert. Vor allem im Osten begann man in den 1950er und 1960er Jahren, Eishockey wissenschaftlich zu erfassen, Taktik und System traten in den Vordergrund. Dass man die Spieler lehrt, wie sie sich auf dem Eis zu bewegen und in welchen Räumen sie zu agieren haben, welches Verhalten von ihnen in dieser und jener Situation gefordert wird, ist ebenso ein wichtiger Bestandteil der Ausbildung wie die stocktechnische und körperliche Schulung. Und gerade weil in der Spitze der körperliche Leistungsstandard allgemein sehr hoch ist, kommt der Taktik Bedeutung zu.

Sie wird von etlichen Faktoren beeinflusst: Wie lautet der Spielstand? Wie lange dauert die Partie noch? Wie stark ist der Gegner, wie gut die eigene Mannschaft? Stehen genügend Spieler zur Verfügung, um etwa den Druck zu intensivieren, die Wechselintervalle zu verkürzen? Wie steht der Schiedsrichter zu uns, welche Sachen hat er gepfiffen, was lässt er ungeahndet? Welche Bedeutung hat das Spiel überhaupt: Ist es existenziell wichtig oder belanglos? Spielen wir zu Hause und stehen unter Erfolgszwang? Treten wir auswärts an? Werden wir mit den Emotionen gegen uns fertig?

Trainer und Mannschaft müssen diese Faktoren abwägen und dann entscheiden, wie sie sich verhalten. Und sie müssen natürlich wissen, wie der Plan umzusetzen ist.

Jede Mannschaft hat ihre Eigenheiten; ein System, das sie spielt. Das kann dem großer Teams nachempfunden sein, deren Musterspielzüge man zu übernehmen versucht – natürlich umgesetzt auf die eigenen personellen Möglichkeiten.

Moderne Spielsysteme

Früher war alles einfach: Da gab es das russische System des »Kollektivs auf dem Eis« – kontrolliertes Passspiel bis zur Torchance – und das kanadische, bei dem der Puck ins gegnerische Drittel gespielt und mit Hauruck um jede Chance gekämpft wurde. Spätestens seit den 1970ern sind jedoch Mischformen entstanden und immer wieder bringen Trainer neue Systeme aufs Eis, die von anderen Teams sofort nachgeahmt werden.

So sorgten beispielsweise die New Jersey Devils (NHL) in den 1990ern mit ihrer »Mausefalle« für Aufsehen.

Ziel war es, mit Forechecking und körperbetontem Stören des gegnerischen Spielaufbaus jeden Spielfluss zu unterbinden. Dabei warteten die Devils auf einen Fehler des Gegners, den sie dann in eine eigene Torchance ummünzten. Der sportliche Erfolg des Systems führte schnell zu Nachahmung weltweit, verhalf es doch auch spielerisch schwächeren Teams zu einer Chance.

Nächste Seite: Steve Maltais von der US-Minor-League-Mannschaft Chicago Wolves bewahrt gegen zwei Gegenspieler der Orlando Solar Bears den Überblick.

Natürlich haben es talentierte Mannschaften dabei nicht bewenden lassen, besonders der schwedische Trainer Mats Waltin und der wohl beste Trainer der Welt, Scotty Bowman (Detroit), entwickelten Gegenstrategien und neue Spielsysteme. Bowmans »Left-Wing Lock Defense«, bei der sich der Linksaußen bei Angriffen weit zurückhängen lässt, um gegnerische Fastbreaks zu unterbinden, ist inzwischen zu einem beliebten System in allen Ligen der Welt geworden, ebenso wie Waltins »Torpedo-System«, bei dem zwei Forechecker (Torpedos) tief in der gegnerischen Zone stören, zwei Stürmer an der Bande agieren und nur ein Verteidiger die defensive Sicherung übernimmt.

Allen taktischen Systemen wohnt ein Grundgedanke inne: Das Verhindern eines Gegentors. Von dieser Warte spielen viele Mannschaften defensiv-orientiert, allerdings trägt der Umstand, dass nur wer Tore schießt, gewinnt, dazu bei, dass sich immer wieder Wege finden lassen die Abwehrsysteme zu knacken.

Taktische Grundlagen: Wer spielt wo?

Bevor taktische Raffinessen erläutert werden, müssen die Grundlagen klargestellt werden. Und die sind, dass jeder Akteur seine Position auf dem Spielfeld findet. In jeder Situation, bei Abwehr wie Angriff.

Wo der Torwart hingehört? Keine Frage: ins Tor. Dass auch die anderen Positionen im Feld klar aufgeteilt sind, kann man gleich zu Beginn eines Spiels der Aufstellung beim Bully, dem Puckeinwurf, entnehmen. Vorn spielen drei Leute, Mittelstürmer, Rechts- und Linksaußen. Der

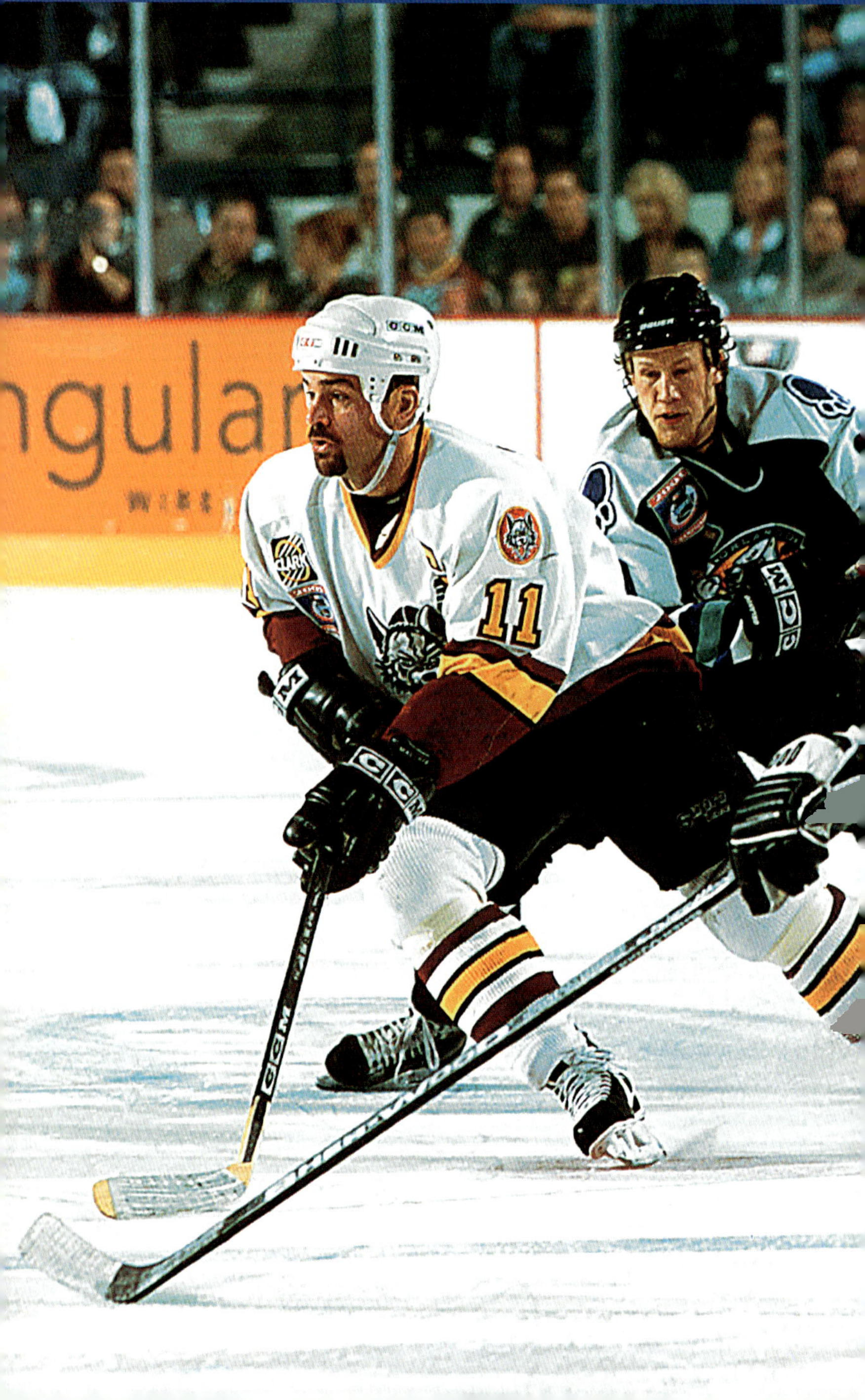

Verteidiger gibt es zwei. Und auch sie wissen, wo sie hingehören: rechts und links.

Im modernen Eishockey ist Flexibilität gefragt. Die Russen haben es vorgemacht, wie Spieler kreuzen, die Positionen tauschen. Das kann aber nur mit äußerster Disziplin geschehen. Denn auch wenn nicht immer die gleiche Person die Position zum Beispiel des rechten Verteidigers einnimmt – da muss dann ein anderer zeitweilig einspringen. Eine Position darf eigentlich nie aufgegeben werden, weil der Gegner darauf schnell reagieren kann.

Wo überall die Positionen eines Verteidigers und Stürmers sein können, zeigt eine Aufteilung des Spielfeldes in Bewegungsräume. Jeder Verteidiger ist auf seiner Seite im Abwehrdrittel zuständig für den Platz hinter dem Tor, an der Bande bis zum Bullypunkt und von dort halbkreisförmig bis vor das Tor. Im Offensivspiel besetzen die Verteidiger die blaue Linie des Angriffsdrittels, agieren wieder bis zu den Bullypunkten.

Der Mittelstürmer muss das Spielfeld in seiner Längsachse beherrschen, wenn erforderlich bereits hinter dem eigenen Tor tätig werden. Vor dem Tor und in der neutralen Zone ist die Breite seines Raumes identisch mit dem Durchmesser des Mittelkreises an der

Abwehrzone   neutrale Zone   Angriffszone

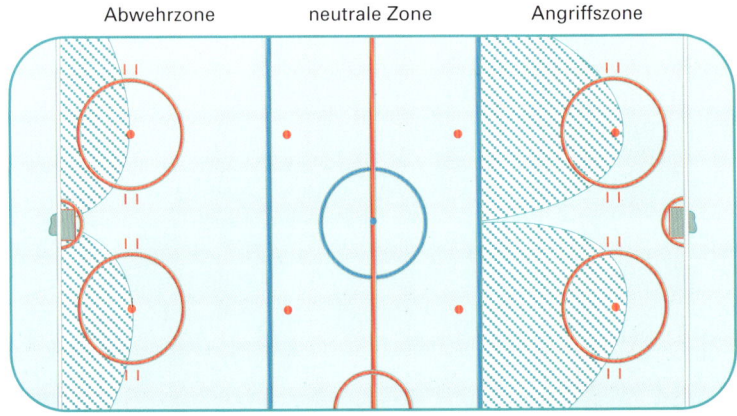

Bewegungsräume der beiden Verteidiger in Defensive und Offensive

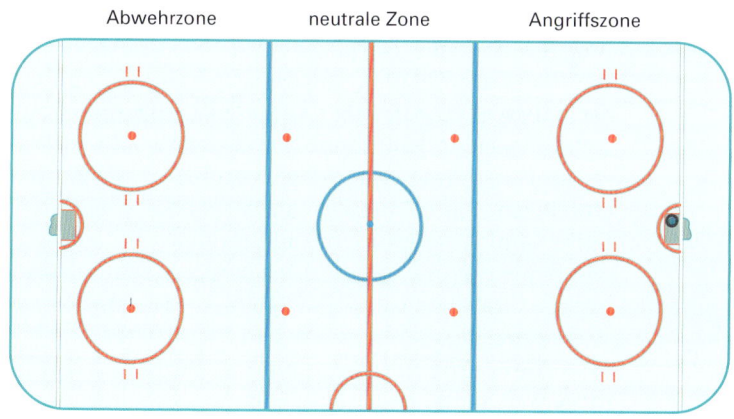

angreifender Spieler

Bewegungsräume des Mittelstürmers

roten Linie. Im Angriffsdrittel ist der Mittelstürmer, auch Center genannt, für den gleichen Bereich verantwortlich wie in der Defensive: unmittelbar vor dem Tor und auch dahinter.

Die Außenstürmer besetzen die seitlichen »Korridore« von der eigenen Torlinie bis zur Bande am anderen Spielfeldende. Im Angriffsdrittel geht ihr Einflussbereich bis nahe an das Torgehäuse.

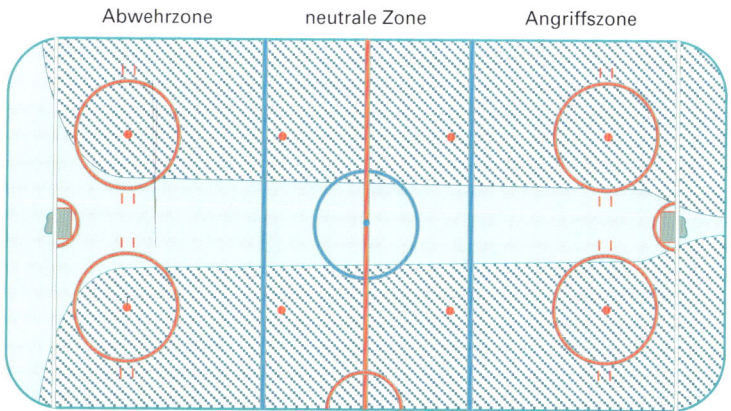

Bewegungsräume der beiden Außenstürmer

47

Der Angriff

Wo und wann beginnt der Angriff? In der Regel liegt der Ausgangspunkt jeder Offensivbemühung in der eigenen Verteidigungszone. Der Auftakt: Man kommt in Scheibenbesitz, nachdem man den Gegner gestoppt oder der Torhüter einen Schuss abgewehrt hat. In drei Räumen kann ein Verteidiger den Puck erobern: vor dem Tor, neben dem Tor oder in der Spielfelddecke.

Also: Wie geht es weiter vor dem Tor? Das ist eine gefährliche Region, aus der man schnellstens heraus muss, weil hier ein eigener Scheibenverlust dem Gegner eine große Chance eröffnet – bis zum Kasten wäre es schließlich nicht mehr weit. Folglich versucht man zügig nach vorn wegzukommen, was die Mitspieler durch Abblocken ihrer Kontrahenten unterstützen sollten. Oder der Abwehrspieler zieht sich erst einmal hinter das Tor zurück. Er gewinnt dadurch Zeit, Übersicht, und die Kameraden können in ihre Position laufen, sich anbieten. Nach einigen Sekunden wird der Verteidiger neben das Tor fahren. Von dort aus hat er fünf Möglich-

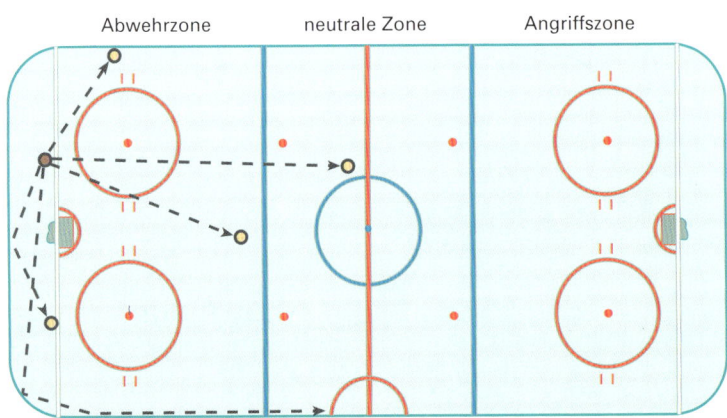

Angriffseröffnung durch den Verteidiger neben dem Tor: 1 auf Mittelstürmer, 2/3 auf Außenstürmer, 4 zum Verteidigungspartner, 5 Panikpass

● Verteidiger   ○ Mitspieler   – – – ➔ Pass

keiten, sich einigermaßen sinnvoll und effektiv von der Scheibe zu trennen.

Ein Idealfall. Der unmittelbare Pass auf den Mittelstürmer. Oder das Zuspiel auf den Außenstürmer, der sogar schon in die neutrale Zone eingedrungen sein kann. Ein schneller Steilpass eröffnet spontan eine Tormöglichkeit. Der Außen kann auch in Szene gesetzt werden, wenn er sich noch in der Abwehrzone befindet, mit Blickkontakt und Schlittschuhstellung zum Verteidiger gerichtet.

Auch häufig zu sehen, wenn sich der Pass nach vorn nicht anbietet: Der Verteidiger spielt den Puck über die Bande kurz zum Abwehrkollegen, der sich in ähnlicher Position neben dem Tor auf der anderen Seite befindet. Steht man unter Druck und möchte deshalb ein riskantes Zuspiel vermeiden, bleibt als fünfte Lösung der »Panik-Pass«: ein langer Pass, hinterm Tor, über die Bande aus der eigenen Zone in die neutrale hinein, wo vor der roten Linie vielleicht ein eigene Mann rankommt.

Am schwierigsten ist es, einen Angriff aus der Ecke heraus zu eröffnen. Man versucht, die Scheibe hinter das

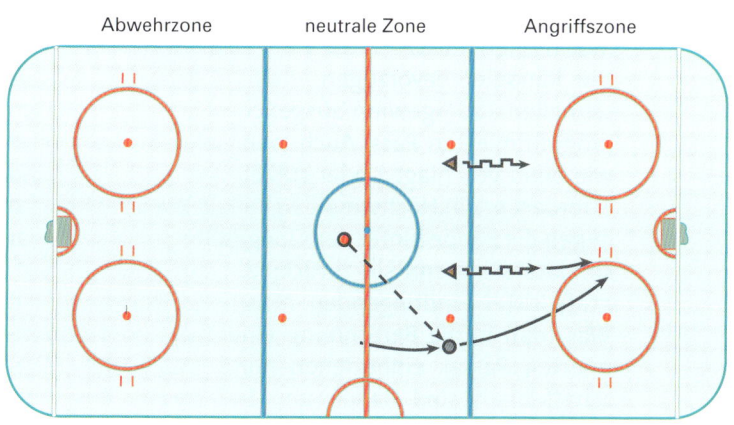

Typischer Finalpass (direktes Überspielen des Gegners)

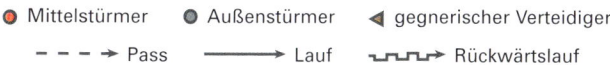

🔴 Mittelstürmer   ⚫ Außenstürmer   ◀ gegnerischer Verteidiger

- - - → Pass   ⎯⎯→ Lauf   ⌐⌐⌐→ Rückwärtslauf

Tor zu bringen, am besten zum Verteidigungspartner. Nach vorne zu laufen oder zu passen, ist zu riskant.

Okay, die Scheibe ist hinten raus, der Angriff hat begonnen, das Geschehen verlagert sich in die neutrale Zone. In ihr sollte man sich nicht lange aufhalten, das Spiel keineswegs ins Stocken geraten lassen. Ziel ist, auf schnellstem Wege in die Angriffszone einzudringen. Und zwar so, dass nicht alle Gegenspieler mitkommen und man sich de facto vor dem Tor in Überzahl befindet. Versierte Cracks eilen durch die neutrale Zone im Alleingang. Den müssen sie natürlich nicht zwangsläufig bis vor das Tor fortsetzen – auf diesem langen Weg kommt sowieso noch jemand dazwischen. Wichtig ist, dass der Spieler die blaue Linie regulär überschreitet (es darf zu keinem Abseits kommen) und er dann einen Mitspieler durch Pass oder Überlassen der Scheibe in Szene setzt.

Nicht jede Situation erlaubt einen solistischen Anflug. Doch schließlich steht auch das Mittel des Passes zur Verfügung. Wirkungsvoll ist der Finalpass, steil oder diagonal geschlagen: Der direkte Gegner wird überspielt oder im Rückwärtslauf erwischt, so dass der Stürmer in der Vorwärtsbewegung in dem Moment vorbei kann, wenn der Verteidiger der anderen Mannschaft sich gerade drehen muss.

Die Kanadier bevorzugen – eine Eigenart ihres auf schnellen Raumgewinn ausgerichteten Systems – den programmierten Pass. Auch wenn ein solcher immer wie blind geschlagen oder zufällig aussieht – de facto erfordert er ein Höchstmaß an Kalkül. Die Scheibe wird gegen die Bande hinter dem Tor geschossen – und zwar so, dass sie, wenn sie zurückprallt, für einen ins Angriffsdrittel eindringenden Mitspieler erreichbar ist. Was man in die Berechnung eines solchen programmierten Passes einbeziehen muss: Von welcher Beschaffenheit sind Bande und Eis? Wohin muss die Scheibe abprallen und in welchem Winkel, damit sie zur rechten Zeit in den Laufweg des Stürmers gerät?

Man kann den programmierten Pass auch in einer Version ohne Bande spielen: als *Flippass*. Das bedeutet: Der

Puck wird über die Köpfe der Abwehrcracks gespielt, kommt wie eine Bogenlampe nach unten. Und dann beginnt das Spurtduell um die Scheibe.

Schließlich befindet sich der Angriff in seiner letzten und entscheidenden Phase: in der Angriffszone – oder dem Abwehrdrittel des Gegners. Nach einem geglückten Finalpass kann sich durchaus die Chance ergeben, dass der angespielte Stürmer das Werk allein zu vollenden sucht und mit einem Schuss aufs Tor abschließt. Normalerweise sind jedoch auch hier Kombinationen gefragt. je mehr angreifende Spieler darin eingebunden sind, um so größer die Chance eines Torerfolgs. Da jedoch die Positionen an der blauen Linie zur Absicherung nicht gänzlich aufgegeben werden sollten, wird sich vor dem Tor meistens eine Dreier-Gruppe bilden. Und für die gibt es eine Idealform: das Dreieck, das jedem Beteiligten die Chance zum Abschluss bietet. Die Positionen Mittelstürmer – Rechtsaußen – Linksaußen werden dabei nicht starr eingehalten. Man kreuzt.

Einige Möglichkeiten, mit Skizzen illustriert, wie man das Dreieck bildet:
Der Center setzt in der neutralen Zone den Rechtsaußen

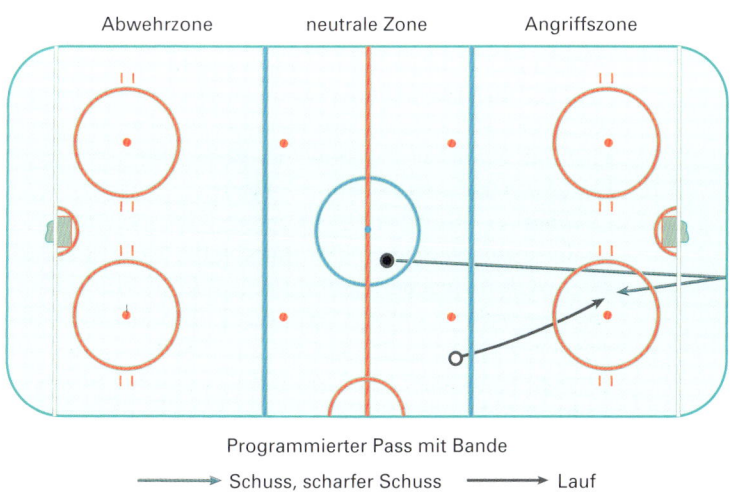

Abwehrzone   neutrale Zone   Angriffszone

Programmierter Pass mit Bande

Schuss, scharfer Schuss   Lauf

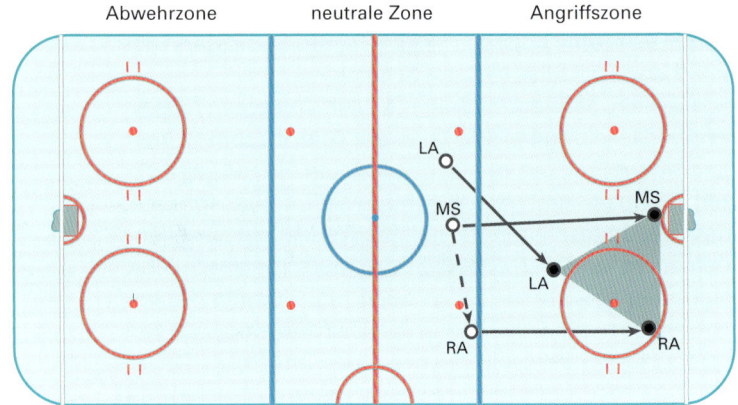

Abwehrzone   neutrale Zone   Angriffszone

Mittelstürmer (MS) passt in neutraler Zone auf Rechtsaussen (RA), der mit der Scheibe in die Angriffszone eindringt; MS und Linksaussen (LA) nehmen ihre Dreiecksposition ein

○ ursprüngliche Position   ● später eingenommene Position, Zielposition

ein, der auf seiner Seite durchstartet. Der Mittelstürmer macht sich derweil auf den direkten Weg vor das Tor. Die mittlere Position und untere Spitze des Dreiecks nimmt der Linksaußen ein. Dem scheibenführenden Rechtaußen bieten sich nun zwei Alternativen für das nächste Anspiel. Entweder auf den günstig postierten Center – am besten mit einem scharfen exakten Pass, der direkt verwandelt werden kann. Oder auf den Linksaußen zurück. Der kann schießen, wobei dem Mittelstürmer die Aufgabe zukommt, den Torhüter zu »blenden«, ihm die Sicht zu nehmen. Wobei natürlich auch noch ein Verteidiger gebunden wird.

Eine andere Variante: Wie im ersten Beispiel erhält der Rechtsaußen vom Mittelstürmer den Puck vor der blauen Linie. Er überquert sie, fährt in der Angriffszone an ihr entlang Richtung Mitte. Inzwischen hat sich der Linksaußen nach rechts begeben, an die Stelle, wo der Rechtsaußen über die blaue Linie ging. Dort erhält er einen Rückhandpass des Rechtsaußen, der sich ohne Scheibe auf die Centerposition (untere Dreieckspitze) weiterorientiert. Der nunmehr auf der rechten Seite be-

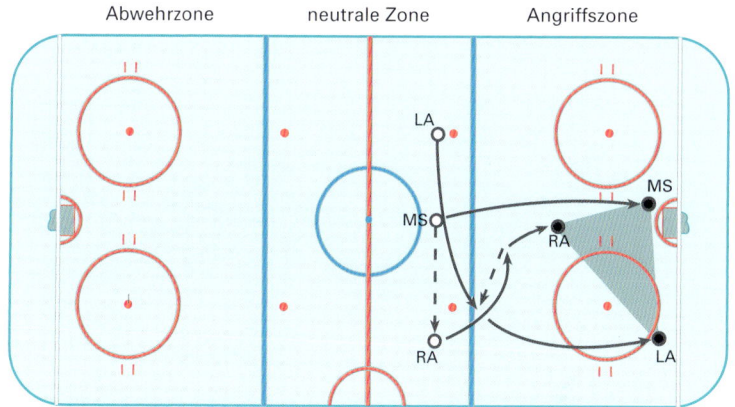

Abwehrzone   neutrale Zone   Angriffszone

Mittelstürmer (MS) auf Rechtsaussen (RA), der mit in die Angriffszone eindringt und dort die Scheibe auf den kreuzenden Linksaussen (LA) zurückspielt, der rechts durchbrechen kann. RA und MS begeben sich auf die Dreiecksposition, bieten sich an.

○ ursprüngliche Position   ● später eingenommene Position, Zielposition

findliche Linksaußen findet geöffneten Raum vor, fährt unbedrängt voran. Er kann dann den auf Center stehenden Rechtsaußen einsetzen – oder den ursprünglichen Mittelstürmer, der in einem weiteren Positionstausch die Linksaußenstelle eingenommen hat. Kompliziert? Nein, ein Standardspielzug, reine Übungssache.

Eine dritte Möglichkeit mit programmiertem Pass: Der Linksaußen schießt den Puck von der neutralen Zone aus an die Bande. Der Rechtsaußen nimmt den Abpraller auf. Mittelstürmer und Linksaußen können, um den Gegner zu beschäftigen, die Positionen tauschen. Sie müssen nur ihre Plätze im Dreieck finden.
Oft zu beobachten ist, dass ein Spieler hinter dem Tor steht. Das ist aber ein bisschen riskant, weil bei Scheibenverlust leicht eine Überzahl des Gegners bei dessen Konter entstehen kann. Der Rückweg des zu weit vorne befindlichen Stürmers ist dann zu weit. Praktiziert wird das Dreieck mit der Spitze hinter dem Tor vor allem, wenn man sowieso einen Mann mehr auf dem Eis hat, beim Powerplay.

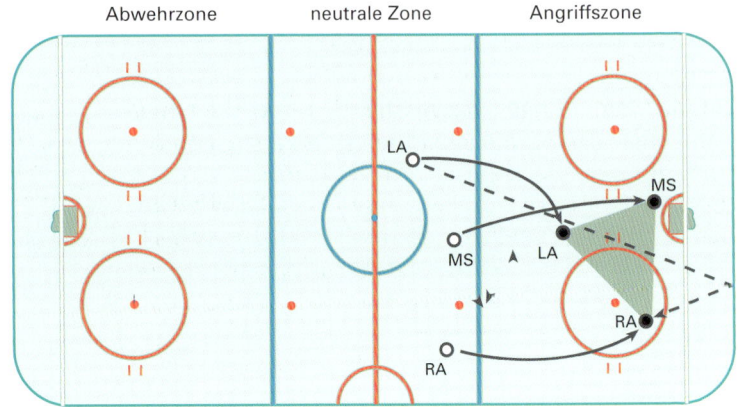

Programmierter Pass des Linksaussen (LA), wird vom Rechtsaussen (RA) aufgenommen. Mittelstürmer (MS) und LA gehen in Dreieckspositionen

○ ursprüngliche Position   ● später eingenommene Position, Zielposition

Selten übrigens wird ein Schuss sofort den Weg ins Tor finden, die Keeper sind heute einfach zu stark, als dass sie sich von einem gut sichtbar kommenden »Hammer« gleich überwinden ließen. Darum ist die Technik des Blendens sehr wichtig: Dem Tormann muss der Ausblick versperrt werden. Seine Chancen sinken auch, wenn der Schuss abgefälscht wird. Da genügt es schon, wenn ein Stürmer mit der Stockschaufel dem Puck eine leichte Richtungsänderung verpassen kann. Man nennt dies Tip-in. Und schließlich eröffnet sich dem Angreifer oft noch die Gelegenheit zum Nachschuss, wenn der Keeper den Puck hat abprallen lassen. Es kann häufig der Schlüssel zum Erfolg sein, zu einer guten Torausbeute, wenn eine Mannschaft viele Schuss-Nachschuss-Situationen hat.

Wichtig ist bei fast jedem Angriff, der aus der Kombination entsteht: Einer muss vor dem Tor stehen. Eine Position, die Mut erfordert und eine hohe Toleranzgrenze. Da wird nämlich ganz schön geschubst, gedrängelt, mit dem Stock gestoßen. Und der scharf geschossene Puck kann einen auch mal treffen ...

Noch etwas zum Thema Angriff: Der muss nicht immer

in der eigenen Abwehrzone mit programmiertem Aufbau beginnen. Er kann auch als *Break* (schneller Gegenstoß) stattfinden, wenn man dem Gegner bei dessen Angriffsbemühungen dazwischen kommt. Oder man kann eine Scheibe, die einem selbst beim eigenen Angriff verlorengegangen ist, im gegnerischen Drittel zurückerobern und eine neue Angriffskombination inszenieren. In dieser Phase, wo der Kontrahent sich seinerseits auf ein Umschalten auf Offensive einrichtet, erwischt man ihn schlecht organisiert. Auf diese Weise entstehen nicht wenige Tore.

Nächste Seite: Da hilft aller Einsatz nichts mehr: Der Stürmer der kanadischen Juniorenmannschaft Val d'Or enteilt dem Verteidiger der Red Deer Rebels.

Angriff mit der zweiten Welle

Nicht jeder Angriff kann in der Praxis zügig über die drei Zonen bis vor das gegnerische Tor durchorganisiert werden. Um so wichtiger ist es, eine Methode zu kennen, auf defensiv eingestellte Gegner verstärkten Druck ausüben zu können.

Manche Mannschaften halten komplett die blaue Linie zu ihrem Abwehrdrittel; der angreifenden Formation ist es dadurch schwer möglich, den Außenstürmer mit einem raumbringenden Finalpass einzusetzen. Auch der programmierte Pass ist nicht sehr aussichtsreich, da die Verteidiger den kürzeren Weg zur Bande haben und die Scheibe leicht aufnehmen können. In Situationen wie diesen empfiehlt es sich, die »zweite Welle« zu initiieren. Dabei handelt es sich um den Neuaufbau eines Angriffs im Angriff, der voraussichtlich nicht vernünftig abgeschlossen werden kann.

Man spielt in der neutralen Zone zurück zu den Verteidigern, die versuchen, die rochierenden Stürmer auf ein Neues einzusetzen. Ode man zieht sich ins eigene Abwehrdrittel zurück, lockt den Gegner heraus, weg von seiner blauen Linie. Man befindet sich dann in der ursprünglichen Ausgangslage und kann den Angriff neu starten, jetzt vielleicht die Außenstürmer ins Spiel bringen, schnell über die neutrale Zone hinwegpreschen und in Überzahl ins Angriffsdrittel eindringen.

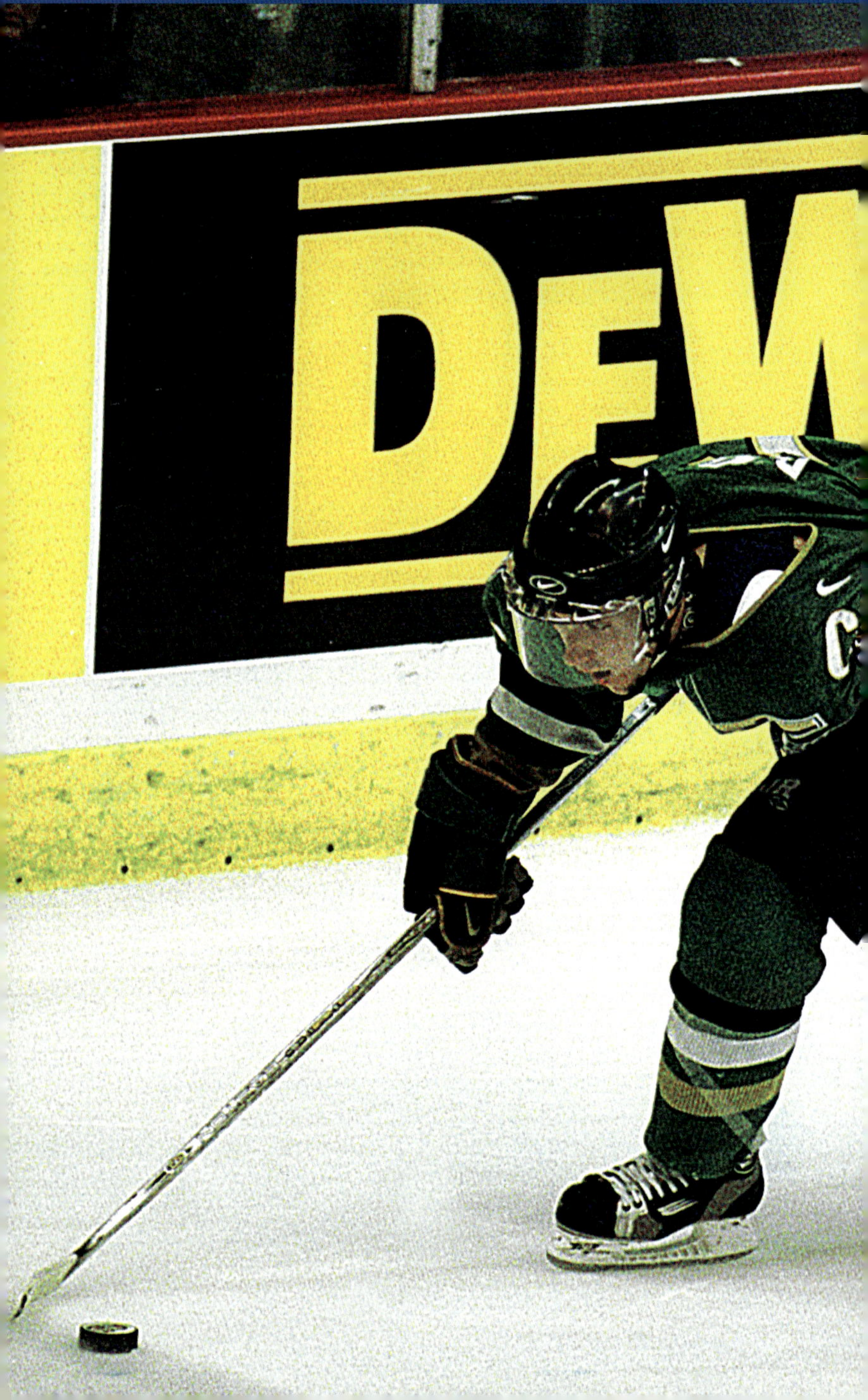
DEW

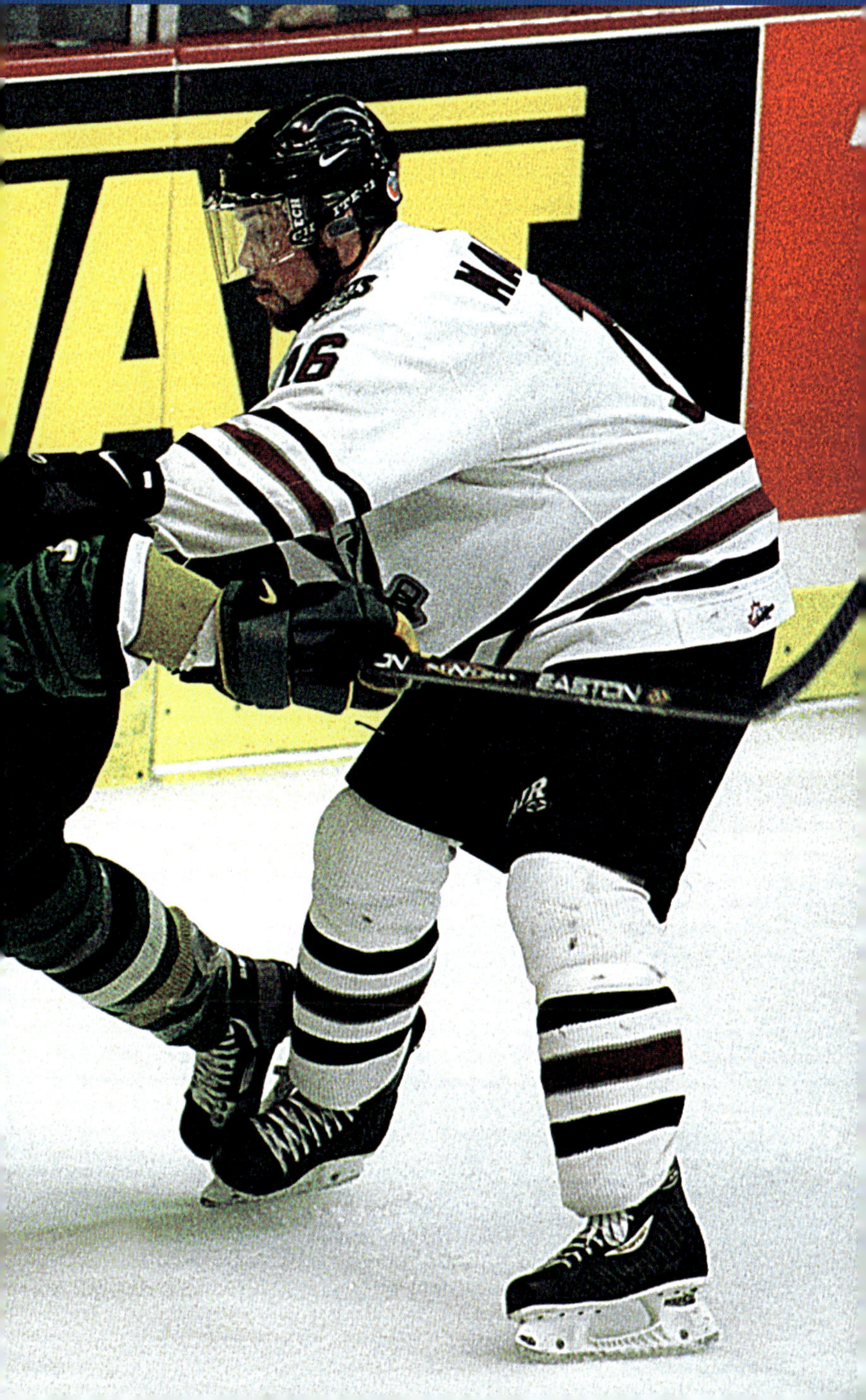
EASTON

Das Überzahlspiel

Da sich verfehlende Spieler und Mannschaften sofort mit Strafzeiten belegt werden, ergeben sich häufig Situationen, wo das eine Team mehr Personal auf dem Eis hat als das andere. Der englische Fachbegriff dafür ist Powerplay. Zu deutsch: Überzahl- oder Übermachtspiel. Es kann stattfinden mit fünf gegen vier (der Regelfall), fünf gegen drei, vier gegen drei, aber auch mit sechs gegen fünf, vier und drei – wenn man den Torhüter durch einen zusätzlichen Feldspieler ersetzt. Etwa gegen Ende der Partie, wenn ein Rückstand ausgeglichen werden muss, der Griff zur vielzitierten Brechstange erforderlich wird. Wagemutige Trainer wenden das Mittel manchmal sogar kurz vor dem Abschluss eines Spieldrittels an, wenn die verbleibende Zeit so knapp ist, dass mit einer Gegenaktion des Rivalen kaum gerechnet werden braucht.

Die Erwartungshaltung der Zuschauer beim Überzahlspiel ist oft zu hoch. Nicht aus jeder Gelegenheit entsteht zwangsläufig ein Tor. Auch wenn die Ausbeute bei Powerplays bestenfalls bei 20% liegt, bleibt das Überzahlspiel im Eishockey eine zentrale Spielsituation, die schon so manche Partie entschieden hat. Vor allem geht es der verteidigenden Mannschaft an die Substanz und Konzentration. Es ist ein Phänomen: Im Zeitraum von zehn, fünfzehn Sekunden, wo die eben noch dezimierte Mannschaft wieder in kompletter Personenstärke auf dem Eis steht, bekommt sie sehr häufig das Gegentor.

Der Powerplay-Angriff verläuft nicht wesentlich anders als einer bei numerischer Aufgeglichenheit. Unterschied: Der Aufbau läuft mehr über Einzelaktionen – der Solist hat mehr Platz, seine Mitspieler können die Gegner an sich binden und abblocken -, und verantwortlich ist hier in erster Linie der Mittelstürmer, der seiner Rolle als Spielmacher gerecht zu werden hat. Beim Übergang von der neutralen in die Angriffszone wird man zumeist von einer auf der blauen Linie gestaffelten Abwehrkette des Gegners empfangen. Probates Mittel dagegen ist der nach kanadischem Muster gespielte programmierte Pass gegen die Hintertor-Bande. Ein Angreifer muss die Scheibe aufnehmen – und dann formiert man sich.

Im Überzahlspiel in der Angriffszone bestätigt sich dann, dass Eishockey vor allem die Kunst des Wartens ist. Und darin zeigt sich die Qualität einer Powerplay-Formation. Auch wenn die Forderungen von den Zuschauerrängen, endlich draufzuhauen, lauter werden – man spielt sich die Scheibe so lange zu, bis die beste Schussposition gefunden ist.

Da können sich vor allem die Verteidiger profilieren, die gern als finale Station gesucht werden. Ihr Schuss muss ziemlich flach sein, überdies hart und – ideal – im Ansatz nicht zu erkennen. Der Stürmer vor dem Tor kann den Erfolg des Schusses durch Blenden und Tip-in unterstützen – oder auf die Nachschussgelegenheit warten. Im modernen Eishockey nimmt man besondere Positionswechsel vor: So wird ein Überzahlspiel auch mit vier Stürmern bestritten, wobei einer die Verteidigerposition übernimmt – dadurch soll der Druck erhöht und der Gegner psychologisch beeindruckt werden, wenn er sich einer »Best-of«-Auswahl gegenübersieht. Oder vors Tor geht ein Verteidiger. Vorteile: Ein körperlich robuster Abwehrmann ist nicht so leicht wegzuschieben wie das schmächtigere Stürmer-Exemplar. Und die Unterzahl-Mannschaft ist auch ein wenig irritiert über die mysteriöse Rollenverteilung beim anderen Team.

Wer mit vier Mann spielt, versucht der Powerplay-Mannschaft immer als Viereck gestaffelt gegenüberzutreten: zwei an den Seiten des Torraumes, zwei als Abfangjäger etwas weiter vorn. Ziel der angreifenden Mannschaft muss es sein, mit schnellen Pässen das Viereck auseinanderzuziehen, eine freie Schussbahn – je kürzer die Distanz, desto besser – zu erarbeiten.

Genutzt werden muss beim Übermachtspiel der Platz hinter dem Tor. Von dort aus hat der Center als Anspielstationen die beiden Außenstürmer. Diese entscheiden bei der Puckaufnahme, ob sie selbst den Weg zum Tor suchen oder die Verteidiger einsetzen. Hat ein Außenstürmer die Scheibe, muss sich der andere vor dem Tor anbieten.

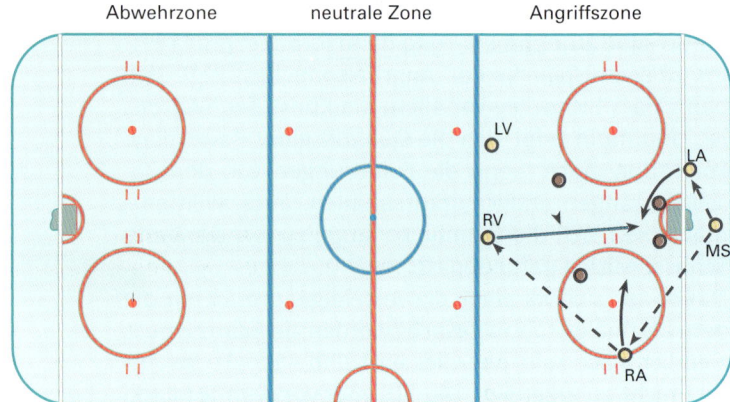

Abwehrzone   neutrale Zone   Angriffszone

Typische 5:4-Überzahlsituation: Mittelstürmer (MS) als Schaltstelle hinter dem Tor, kann Rechtsaussen und Linksaussen (RA, LA) anspielen. RA hat die Möglichkeit, zur Mitte zu ziehen und selbst zu schiessen. Oder er passt weiter auf den rechten Verteidiger (RV), der schiesst. In diesem Fall ist es Aufgabe des LA, zur Mitte zu gehen und den Schuss des RV abzufälschen oder den Torwart zu blenden.

○ angreifender Spieler   ● verteidigender Spieler

Brandgefährlich kann auch der hinter dem Tor positionierte Center selbst werden. Er zögert mit dem Pass, die Außenstürmer täuschen einen Ansturm auf das Tor vor, ziehen somit die gegnerischen Verteidiger auf sich. Dadurch wird der Platz an der Torraum-Seite frei. Der Mittelstürmer kommt nun von seinem Platz im Rücken des Tormanns, fährt einen halben Bogen – sehr eng und schnell – um das Gehäuse und legt die Scheibe ins kurze Eck. Populäre Bezeichnung für diese Variante: Bauerntrick.

Abwehrspiel

Der Angriff, so haben wir erfahren, beginnt in der Abwehrzone, bisweilen sogar hinter dem eigenen Tor. Und auch das Abwehrverhalten findet nicht ausschließlich im Defensiv-Drittel statt. Die Abwehr beginnt, wenn man die Scheibe verloren hat, wenn der Gegner versucht, seinen Aufbau zu starten.

Das moderne Eishockey kennt fünf Grundsysteme der Abwehrarbeit: Forechecking, Backchecking, Raumdeckung, Manndeckung, Zonenpressing.

Forechecking

Forechecking ist das Bemühen, die verloren gegangene Scheibe noch in der Angriffszone zurückzugewinnen, indem man den Gegner am Aufbauspiel hindert, ihm allein durch Präsenz in seinem Drittel auf die Nerven geht. Anwendung findet das Forechecking vor allem, wenn man sich in Überzahl befindet. Oder wenn die Umstände es erfordern, dass man möglichst bald in Besitz des Pucks kommt. Beispiel: Nicht mehr viel Zeit ist zu spielen, man liegt im Rückstand – jetzt kann gutes Forechecking Wunder bewirken.

Am gebräuchlichsten ist das Forechecking mit einem Mann, der parallel zum gegnerischen Aufbauspieler läuft und dessen Pass-Raum abzudecken versucht. Das kann man auch auf zwei Mann übertragen, die zueinander ebenfalls parallel laufen und das Abfangnetz noch dichter knüpfen. Sehr selten sieht man, dass gleich

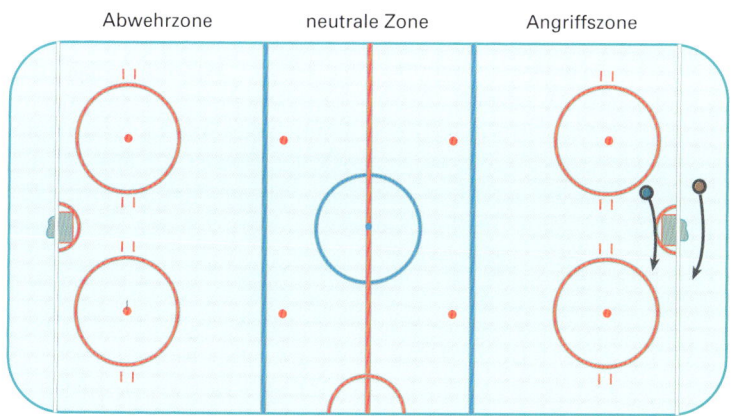

Abwehrzone   neutrale Zone   Angriffszone

Forechecking mit einem Mann, durch Parallellauf vor dem Tor

● scheibenführender Angriffsspieler   ● forecheckender Spieler

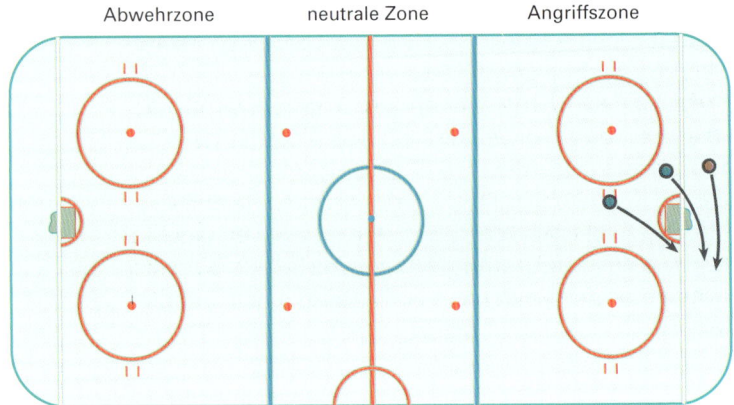

Abwehrzone neutrale Zone Angriffszone

Forechecking mit zwei Mann: einer attackiert hinter dem Tor, der andere deckt den Raum vor dem Tor durch Parallellauf ab.

● scheibenführender Angriffsspieler   ● forecheckende Spieler

drei Spieler forechecken, ein Dreieck bilden und die beiden Verteidiger an der blauen Linie absichern.

Backchecking

Backchecking beginnt in der Mitte der Angriffszone und verlagert sich dann in die neutrale Zone. Spätestens an der eigenen blauen Linie soll des Gegners Angriff gestoppt werden.
Folglich ist im mittleren Bereich des Spielfeldes disziplinierte Einzelabwehrarbeit der Spieler zu leisten, die Zweikampfstärke beweisen müssen. Eine Mannschaft, die gut ist im Backchecking, sichert sich den Vorteil, die neutrale Zone zu beherrschen.

Raumdeckung

Die Räume auf dem Eis sind nach Positionen streng aufgeteilt, jeder Feldspieler hat somit seinen Tätigkeitsbereich. Einen Gegner, der in dieses Feld eindringt, muss er decken. Verlässt der Kontrahent den Bereich, wird er dem für die nächste Zone verantwortlichen Spieler überlassen. Praktiziert wird dieses System mit klarer Aufgabenfestlegung im Unterzahlspiel. Vorteil der Raumdeckung: Sie stellt ein ökonomisches System dar, in dem die Laufarbeit auf das Nötigste eingeschränkt werden kann. Nachteil: Man ist auf keinen festen Gegner eingestellt, sondern mit einem plötzlichen Wechsel der Spielertypen konfrontiert. Auf den feinen Techniker kann ein »Rambo« folgen. Das ist schon eine Umstellung.

Manndeckung

Wenn sich in der Abwehrzone Situationen ergeben, dass man einer gleichen Anzahl von Gegnern gegenübersteht, ist es ratsam, in Manndeckung überzugehen, um eine drohende Torsituation zu bereinigen. So lange bleibt jeder bei seinem Mann. Klarer kann die Aufgabenstellung nicht sein. Bisweilen ist eine Variante der Manndeckung zu beobachten, bei der ein Spieler nur dazu bestimmt wird, etwa den spielstarken Regisseur des gegnerischen Blocks zu bewachen. Dies hat auf Schritt und Tritt zu geschehen, nimmt der Partie natürlich ihre Klasse, kann aber höchst effektiv sein. Erstens ist der Gegner zu verstärkter Laufarbeit gezwungen, wenn die Schaltstelle lahmgelegt wird, zweitens ist es auch ein Psychokrieg, bei dem der intensiv Verfolgte schon mal die Contenance verliert, ein Foul begeht und eine Strafzeit kassiert. In der Bundesliga wird Manndeckung in dieser krassen Form sehr selten praktiziert, eher in unteren Ligen, wo speziell ein ausländischer Star herausstechend und spielbestimmend sein kann.

Zonenpressing

Grundsatz des Zonenpressing: Sowohl der scheibenführende Spieler ist anzugreifen als auch dessen Mitspieler, der wohl den nächsten Pass bekommen würde. Zuständig für den ersten Schritt zum Zonenpressing ist stets der Spieler, der dem Gegner mit Puck am nächsten steht. Bei ihm liegt die Entscheidung.

Diese Systeme sind natürlich nicht starr, sie können kombiniert werden. So passen Raum- und Manndeckung durchaus zusammen. In der Abwehrzone übernehmen die Verteidiger direkte Gegenspieler, die Stürmer teilen die Räume auf. Heute bevorzugen Spitzenmannschaften in allen drei Zonen das Pressing – wobei es da in der genauen Aufteilung etliche Variationen gibt und in der neutralen Zone auch mal eine aggressive Manndeckung eingeschaltet werden muss.

Das Unterzahlspiel

Wie für die Überzahl, so benötigt eine Mannschaft auch für das Spiel mit einem oder zwei Mann weniger eine eingespielte Formation. Die Verteidigerpaare werden, da sie in allen Situationen sowieso schon eingespielt sind, zusammenbleiben, vorn indes müssen neue Pärchen gebildet werden, die auch aus unterschiedlichen Angriffsreihen geholt werden können. Bevorzugt sind hier natürlich körperlich belastbare Akteure.

Im Unterzahlspiel kommt es nicht darauf an, zu stürmen und ein Tor zu schießen. Wenn sich durch gegnerische Fehler eine gute Möglichkeit dafür ergibt, nützt man dies natürlich, doch viel wichtiger ist es, Zeit zu gewinnen.

Das kann geschehen durch:

- Bullygewinn
- Halten der Scheibe in der neutralen Zone
- Rückspiel auf den Torhüter
- Einzelaktion eines Spielers mit starker Scheibenführung
- Forechecking bis hinter die gegnerische Torlinie; das bringt auch einige Sekunden.

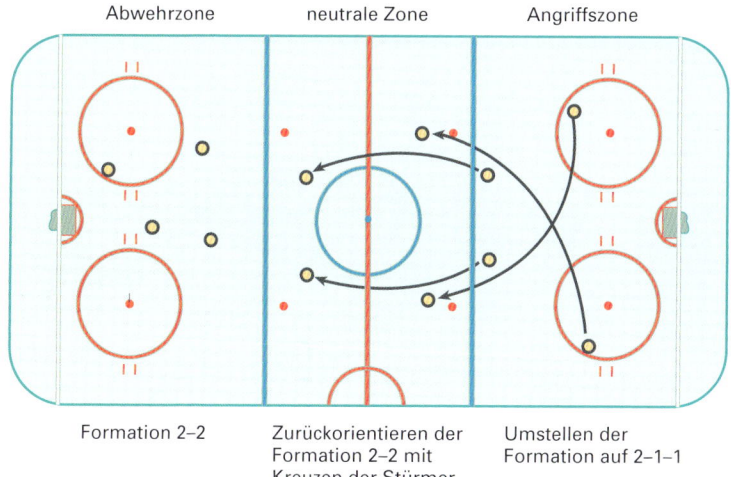

Abwehrzone   neutrale Zone   Angriffszone

Formation 2–2   Zurückorientieren der Formation 2–2 mit Kreuzen der Stürmer   Umstellen der Formation auf 2–1–1

Unterzahlspiel kann mit einem oder zwei Mann weniger stattfinden. Spielt man vier gegen fünf, so gilt es für den Torwart, die Scheibe im Spiel zu halten, das bringt immer Zeit. Bei drei gegen fünf aber sollte er sie so oft wie möglich festhalten und eine Spielunterbrechung herbeiführen. Dann können die Spieler häufig wechseln, der Gegner tut sich schwer, seinen Rhythmus zu finden. Das nachfolgende Bully bietet dann ja wieder die Möglichkeit zum Scheibengewinn.

Bei vier gegen fünf besonders gut geeignet ist ein Zonen-Abwehr-System 2-2. Das heißt: Zwei Spieler befinden sich auf einer vorderen Linie, zwei auf einer hinteren – und das in jeder Zone. Gemeinsam verlagert man das Viereck nach hinten. In der Abwehrzone wird in 2-1-1 umorganisiert. Einer der beiden hinteren Akteure übernimmt die Torsicherung und verlässt somit die zuvor mit dem Partner eingenommene Linie.

Hat man nur noch drei Leute zur Verfügung, empfiehlt es sich, ein Dreieck zu bilden, das sich ebenfalls – mit dem stürmenden Gegner – in die defensive Zone zurückorientiert. Der Stürmer, der die Spitze des Dreiecks bildet, läuft parallel zur Scheibe, aber mit stetiger Orientierung nach hinten. Seine Aufgabe ist es, die Ent-

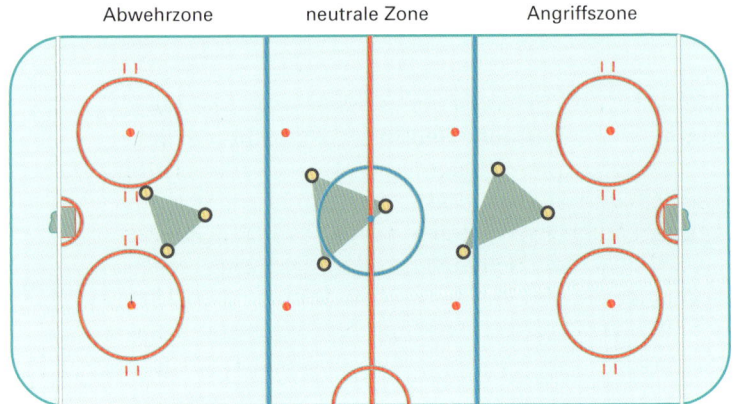

Abwehrzone   neutrale Zone   Angriffszone

Unterzahlspiel mit drei Mann: Dreiecksbildung in jeder Zone – Zurück-
weichen. Der vordere Spieler versucht zudem, durch Parallellauf den
gegnerischen Aufbau zu stören.

wicklung eines Angriffs durch den Gegner zumindest
zu verlangsamen. Vor dem eigenen Tor steht man dann
in 1-2-Formation, die auch in 2-1 umgewandelt werden
kann – je nach Aufstellung des Gegners.

Das Bully

Oft wird die Bedeutung des Bully, des Puckeinwurfs an
dafür vorgesehenen Stellen, unterschätzt. Doch unter
Trainern spielt es in der Beurteilung eines Akteurs
durchaus eine Rolle, wieviel er – prozentual – von diesen
Anspielen gewinnt. Denn: Ein gewonnenes Bully bedeutet, dass man unter normalen Umständen erst mal
15 bis 20 Sekunden im Scheibenbesitz ist und die Initia-
tive ergreifen kann, statt reagieren zu müssen.
Stehen sich zwei Mannschaften in gleicher Stärke gegenüber, nehmen sie beim Bully in der neutralen Zone
spiegelbildliche Aufstellung ein. Da erkennt der Zuschauer auch ganz deutlich, welcher Spieler welche Position innehat: Mittelstürmer (für das Bully zuständig),
Rechts- und Linksaußen – dahinter rechter und linker
Verteidiger. In der Abwehr- und Angriffszone sowie bei

Über-/Unterzahl wird diese Aufstellung natürlich geändert.

Standardformation für die verteidigende Mannschaft, wie sie sich ergibt, wenn man ihr gegenübersteht: Alle fünf Cracks stehen auf einer Linie. Ganz rechts der linke Verteidiger, dann folgt der Center, der um die Scheibe beim Einwurf kämpft. Links davon (immer aus Sicht der anderen Mannschaft) stehen am Rand des Bullykreises unmittelbar nebeneinander Linksaußen und rechter Verteidiger – die Stelle mit dem angreifenden Linksaußen, der die nächste Position zum Tor hat, muss doppelt gesichert werden. Ganz links, schon fast am anderen Bullykreis, hält sich der Rechtsaußen auf, der bei Scheibengewinn der abwehrenden Mannschaft sofort in seine Stürmerposition laufen und einen Gegenangriff fahren kann.

Spielt man in Unterzahl vier gegen fünf, verzichtet man beim Bully vor dem eigenen Tor auf die Besetzung des Rechtsaußenpostens.

Wenn ein Bully gewonnen ist, wohin dann mit der Scheibe? In Abwehr- und neutraler Zone sagt man: zurück erst mal und aufbauen. In der Angriffszone kann man zu den Verteidigern in guter Schussposi-

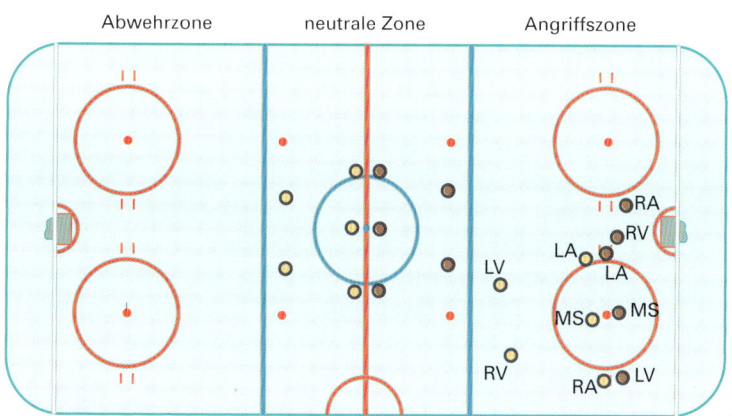

Standardaufstellung in neutraler Zone – spiegelbildlich. Angriffs-/Abwehraufstellung in der Endzone

○ angreifender Spieler   ● abwehrender Spieler

tion zurückgeben, aber ebenso gleich nach vorn stürmen Richtung Tor und Bande, wo sowieso um die Scheibe ganz offen gekämpft wird.

Bully – wo findet es statt?

Im Kapitel über das Spielfeld haben wir die neun gekennzeichneten Bullypunkte vorgestellt. Der blaue Anspielpunkt auf der roten Linie wird aufgesucht zum Spiel- und Drittelbeginn und nach jedem Tor. Die vier Anspielpunkte in der neutralen Zone, je eineinhalb Meter von den blauen Linien entfernt, sind Austragungsorte für Bullys nach normalem Abseits. Also: Bei einem Angriff ist ein

Stürmer einen Tick vor dem Puck in der Angriffszone – dann gibt's ein Bully im neutralen Bereich, aber nahe der blauen Linie. Fast da, wo man war.

Bleiben noch die je zwei von Kreisen umgebenen Bullypunkte vor den Toren. Hier beginnt in der Abwehrzone das Spiel wieder, wenn man einen unerlaubten Weitschuss vorgenommen hat. Und nach allen Spielunterbrechungen, die hinter diesen Anspielpunkten stattgefunden habe – ausgenommen, der Angreifer hat sie verursacht. Dann muss zur Strafe seine Mannschaft raus aus dem gegnerischen Drittel.

Begeht ein angreifender Spieler in der Angriffszone ein Foul, so findet das Bully am nächstgelegenen Wiederanspielpunkt in der neutralen Zone statt. Geraten Cracks beider Teams aneinander, wird in der gleichen Zone die Partie mit Puckeinwurf wieder aufgenommen. Manchmal kommt es auch zu Spielunterbrechungen, die nicht von den Beteiligten verursacht werden. Die Wiederaufnahme erfolgt dann dort, wo der Puck zuletzt gespielt wurde – auf einer gedachten, parallel zur Bande verlaufenden Linie zwischen den Bullypunkten. Dort wirft der Schiedsrichter die Scheibe neu ein.

Edmontons Stürmer Todd Marchant lässt sich von Torontos Star Mats Sundin nicht bei seinem Sturmlauf stoppen.

Eishockey – die Ausrüstung

Beim Eishockey ist Körpereinsatz erlaubt, das Spielgerät erreicht Geschwindigkeiten um die 200 km/h und kommt bisweilen dem Menschen in einer für ihn unangenehmen Höhe relativ geschwind entgegen – da heißt es, sich gut zu schützen, zu polstern.

Wer erstmals vor einem Berg an Ausrüstungsgegenständen steht, zieht die Teile garantiert in einer falschen Reihenfolge an. Und wenn er schließlich drinsteckt in der Ausrüstung, dann hat er bereits so viel Wasser aus seinem Körper geschwitzt, dass er eigentlich schon wieder duschfertig ist.

Die Profis, die zwei-, dreimal täglich trainieren, schaffen die Anzieh-Prozedur natürlich in weniger als zehn Minuten, wenn es eilt. Und, was sie von Freizeitspielern unterscheidet: Sie wissen auch, wie man sich in den Drittelpausen in voller Montur am Pissoir nicht blamiert ...

Wer Eishockey nur zum Spaß auf einem zugefrorenen Weiher spielt, braucht sich natürlich nicht dick zu verpacken; die beste Schutzvorrichtung ist gegenseitige Rücksichtnahme. Zum vergnüglichen lockeren Spielen benötigt man lediglich Schlittschuhe, Schläger und Puck.

Der Puck

Die Maße dieser Scheibe aus Hartgummi sind genau festgelegt: Der Durchmesser beträgt 7,62 cm – wie seit dem Penalty-Drama der deutschen Nationalmannschaft gegen Kanada im olympischen Viertelfinale 1992, wo die Scheibe auf der Torlinie liegen blieb, allgemein bekannt ist. Die Höhe: 2,54 cm. Das Gewicht darf variieren, zwischen 156 und 170 Gramm. Diese Toleranzspanne muss sein, da das Spielgerät durch die häufige und heftige Einwirkung von Schlägern auch leidet und an den Kanten an Kontur verliert. Vor einigen Jahren wurde versucht, einen Puck mit »Bullauge« einzuführen, durch das rotes, batteriebetriebenes Blinklicht nach außen drang. Sinn und Zweck: Eishockey sollte dadurch telegener werden, weil der Lauf oder Flug der Scheibe leichter erkennbar wäre. Im Prinzip richtig – doch die Prototypen des Blink- oder Leuchtpucks waren den beim Schuss und Bandenaufprall frei werdenden Kräften nicht gewachsen.

Pucks, besonders die aus der Tschechei importierten, sind billig, im Sportfachgeschäft und sogar in Kaufhäusern mit Sportabteilung für etwa 1 bis 2 € das Stück zu haben. Fliegt eine Scheibe während eines Eishockeyspiels aus dem Eisring und in die Zuschauerränge, darf sie als Souvenir von dem, der sie als erster fasst, behalten werden.

Der Schläger

Er besteht aus zwei Teilen: Schaft und Schaufel. Der Schaft darf nicht länger sein als 147 cm, für die Schaufel sind maximal 32 cm erlaubt. Die Höhe der Schaufel ist auf 5,0 bis 7,5 cm festgelegt. Zwar darf die Schaufel gekrümmt sein, um das Schlenzen der Scheibe zu erleichtern, aber bei 1,5 cm ist Schluss. Der Schiedsrichter ist angewiesen, ein Maßband mit sich zu führen, um die Schläger jederzeit kontrollieren zu können.

Das Standmaterial des Schlägers ist Holz. Da bei häufigem Gebrauch jedoch die Schaufel irgendwann bricht, ist man dazu übergegangen, alternative Materialien zu testen. Am zukunftsträchtigsten ist wohl Aluminium, das auf den Schaft aufgesetzt werden kann, eine längere Lebensdauer hat und – angeblich, so preisen jedenfalls die Hersteller ihr Produkt – zu einem noch schärferen Schuss verhilft.

Der normale Holzschläger wird von seinem Benutzer an der Schaufel und am Stockende noch mit einem elastischen Klebeband präpariert. Praktisch ist es, am Stockende einen Knauf zu bilden, weil man dadurch einen aus der Hand gleitenden Schläger eher noch aufhalten kann.

Die Schlittschuhe

Der Handel bietet eine Vielzahl an Schuhen an, die den Normen entsprechen – man braucht eigentlich nur Eishockey-Schlittschuhe zu verlangen, die sich von Kunstlauf-Schuhen schon durch das flottere Outfit, die Schnürung und die Tatsache, dass die Kufe vorn keine Zacken hat, unterscheiden. Im professionellen Bereich nicht durchgesetzt haben sich nach dem Prinzip von Skistiefeln konstruierte Complets mit Innen- und Schalenschuh, der mit Schnallen verschlossen wird. Am besten sind Lederschuhe mit traditioneller Schnürung und integriertem Knöchel- und Spannschutz. Man muss im Eishockey nämlich immer auch mit flachen Schüssen rechnen …
Worauf beim Kauf zu achten ist: Die Kufen sind zunächst noch nicht geschliffen, diesen Service muss man erst anfordern. Nicht alle Sportfachgeschäfte und -abteilungen bieten ihn an; wohl aber findet man in Eishallen, wo öffentlicher Lauf stattfindet, Spezialisten.

Die Schienbein- und Knieschützer

Ein gewöhnungsbedürftiges Ausrüstungsteil, das zunächst sperrig wirkt – aber es hat ja einiges zu schützen: das Schienbein, das Knie, das Kniegelenk, und es gibt zudem Modelle, wo auch die Abdeckung der Wade berücksichtigt wird. Wichtig: Das Knie muss in die Mulde, das gesamte Schutzteil mit Gummi oder Tapeband befestigt werden. Spieler mit Knieproblemen, die bereits operativer Eingriffe bedurften, tragen zusätzlich aus Schweden importierte Kniemanschetten, die die Bänder stabilisieren. Diese Vorrichtungen, auf die auch Tennis- und Volleyballspieler zurückgreifen, sind allerdings selten und teuer.

Der Tiefschutz

An einem Gürtel ist eine Haltevorrichtung angebracht, in die eine stabile Plastikschale kommt. Bei manchen Modellen können an einem integrierten Straps auch gleich die Strümpfe, die man über dem Schienbein- und Knieschutz trägt, befestigt werden. Der Tiefschutz als vielleicht wichtigstes Ausrüstungsteil wird im Eishockey-Jargon auch »Eierbecher« genannt.

Der Ellbogenschutz

Er schützt den Teil des Armes, der zwischen Handschuh und Schulterschutz freibleibt. Material: Plastik. Verstellbare Bänder garantieren Rutschfestigkeit.

Der Schulterschutz

Hier hat die Ausrüstungstechnologie sicht- und spürbare Fortschritte gemacht. Geschützt werden. Schlüsselbein und Schultergelenk durch Plastikkappen, Schulterblätter, Rücken und Brust durch Schaumgummi, wobei es für Verteidiger, die mehr mit dem Körper arbeiten müssen, stärkere Ausführungen gibt. In ein modernes Schulterschutzteil kann man hineinschlüpfen wie in eine Weste.

Die Handschuhe

Beim Eishockey wird einem vom Gegner mittels Stock schon mal auf die Finger geklopft. Entsprechend dick sein muss die Polsterung, die Unterarm, Handgelenk, Handrücken, Finger und Daumen schützt. Bevorzugtes Material ist Kunststoff, die Innenhand ist aus ziemlich feinem Leder. Manche Spieler tapen sich noch zusätzlich Handgelenk und Finger, bevor sie in den Handschuh schlüpfen.

Der Helm

Ausgeschlagene Zähne, halb abgeschossene Ohrläppchen, ein Narbengesicht – das waren einmal die typischen Kennzeichen eines Eishockey-Haudegens. Das muss nicht mehr sein. Moderne Helme sind leicht und bieten einen umfassenden Kopf- und Gesichtsschutz. Nachwuchsspieler und Damen müssen mit Gitter antreten, durch das kein Puck, kein Stockende, passt. Eine

Mehr und mehr NHL-Spieler tragen Helme mit Visierschutz, so auch Anaheims Star-Stürmer Paul Kariya.

Alternative, die besseres, weil freieres Sichtfeld bietet, ist ein Plexiglas-Vollvisier, das allerdings über ein gutes Lüftungssystem verfügen muss – sonst beschlägt es durch den Atem. Weit verbreitet ist das Plexiglas-Halbvisier, das die obere Gesichtshälfte – also vor allem die Augen – vor Verletzungen bewahrt. Seit 2001 ist es in Deutschland vorgeschrieben – und nach einigen schweren Verletzungen tragen es auch international immer mehr Spieler. Ungeschützt bleibt jedoch der Mundbereich. Der Großteil der Spieler geht allerdings nach wie vor nur mit Helm ohne Visier aufs Eis. Selbst bei den nordamerikanischen Professionals hat sich das Sicherheitsdenken inzwischen durchgesetzt – allenfalls noch beim Warmschießen präsentieren sie sich ihren Fans mit barem Haupt.

Auch der Nachwuchs schützt sich: Moderne Helme sind leicht, Damen und Nachwuchsspieler treten mit einem Gitter an, durch das kein Puck passt.

Trikot und Strümpfe

Moderne Trikots sind leicht, weit geschnitten, leiten Schweiß nach außen ab, tragen sich angenehm, Polyester hat als Material die Baumwolle abgelöst, die jedoch bei den Strümpfen ihren Marktanteil noch verteidigt. Die Strümpfe werden an Strapsen befestigt, zudem von außen mit Tape oder Gummiband umwickelt.

Die Hose

Sie schützt mit Polster und Plastikeinlagen Oberschenkel, Hüfte, Bauch und Po, getragen wird die Hose mit Gürtel und/oder Hosenträgern. Kanadische Collegemannschaften sah man einige Zeit mit langen Hosen auftreten, die Knie- und Schienbein gleich mitschützten – doch diese Modelle erwiesen sich als nicht spieltauglich und werden allenfalls im Training getragen.

Die Unterwäsche

Auch wenn man in einer beheizten Halle spielt – eine Unterwäsche, zumeist ein Einteiler, »Hampelmann« genannt, gehört unter jede Ausrüstung. Als Stoff empfiehlt sich hochwertige reiß- und kochfeste Baumwolle.

Spezialausrüstung für den Tormann

Einige Ausrüstungsteile entsprechen jenen des Feldspielers – aber verstärkt, etwa Tief-, Knieschutz und Hose. Für den Helm gibt es exakte Vorschriften, verboten sind mittlerweile Masken. In denen ging ein Torwart noch öfter mal K.o., das ist heute fast ausgeschlossen. Der Hals als Zone, die beim Stürmer und Verteidiger frei bleibt, muss beim Mann im Kasten natürlich abgedeckt werden. Der Halsschutz kann am Gitter befestigt werden und aus Plastik bestehen. Alternative: eine Manschette um den Hals. Die Schlittschuhe gehen nicht über den Knöchel, zudem sind sie plastikverstärkt, da der Schlussmann ab und an eine Fußabwehr leisten muss.

Was der Torhüter nun zusätzlich an hat, das sind Beinschienen, ein Stock- und ein Fanghandschuh.

Wer höherklassig Eishockey spielt, wird nicht umhinkommen, sich die Schienen nach Maß anfertigen zu lassen. Die Schützer sitzen auf den Schlittschuhen auf und reichen fast bis zum Schritt hinauf. Befestigt werden sie mit in der Regel sechs Riemen an Schlittschuhen und um die Waden. Gute Schienen sind auch an der Außenkante stärker gepolstert und bieten zudem der Wade Schutz.

Der Stockhandschuh wird auf der »Schreibseite« getragen, bei Rechtshändern also rechts. Mit der Innenhand umklammert man den Schlägergriff, der Handrücken wird durch eine Platte, die zur Abwehr der Schüsse dient, geschützt. Als international verbindliche Maximalmaße waren für die Platte eine Länge von 40,6 cm und eine Breite von 20,3 cm vorgegeben, inzwischen wurde auf 42x21 cm erweitert.

Der Fanghandschuh – bei Rechtshändern links getragen – dient zum sicheren Abfangen der Scheibe. Vergleichbar weniger mit einem Finger- denn einem Fausthandschuh, wo in einem »Häuschen« der Daumen steckt, im anderen die übrigen kleinen Finger. Die beiden Partien sind mit einem Geflecht verbunden – was einen Korb ergibt. Solche Schnüre nennt man »Frosch«. Was über das absolut notwendige Maß hinausgeht, die Lücke zwischen Daumen und Zeigefinger zu füllen, ist verboten. Die Maßnorm beträgt seit 1. September 1992 wie bei der Stockhand 42 cm Gesamtlänge und 21 cm Höchstbreite am Handgelenk.

Der Fanghandschuh muss aus starkem und doch geschmeidigem Leder sein. Bis der Korb richtig griffig und der Torhüter damit vertraut ist, können Wochen vergehen.

Vom Anfang der 1960er Jahre gibt es noch Bilder, auf denen die Herren Torhüter ohne Gesichtsschutz operieren. Zunächst trugen sie auch ganz normale Feldspielerhandschuhe und benutzten deren Schläger. Längst existieren natürlich spezielle Stöcke, die den Bedürfnissen des Tormanns näherkommen.

Als Schaftlänge sind die allgemein gültigen 147 cm zugelassen. Der untere Teil von bis zu 71 cm darf auf 9 cm verbreitert sein. (Zum Vergleich: Beim Normalstock sind 5 bis 7,5 cm erlaubt.) Die Schaufelbreite beträgt 39 cm (Vergleichswert: 32 cm).

Noch ein Detail, das seit wenigen Jahren zur Ausrüstung der Torhüter gehört: Die Goalies dürfen einen Trinkbehälter – natürlich keinesfalls einen zerbrechlichen – mit sich führen und auf das Tornetz legen. Ihre Tätigkeit, obwohl sie in den Augen des Laien fast nur stehend und ohne große Bewegungsabläufe ausgeübt wird, ist nämlich ziemlich schweißtreibend und mit hohem Flüssigkeitsverlust verbunden. Und warum den Keeper benachteiligen gegenüber Stürmern und Verteidigern, die bei jeder Rast auf der Bank sich ein Schlückchen genehmigen dürfen?

Eishockey – die Akteure

Eine Eishockey-Mannschaft besteht aus bis zu 22 Spielern. Die Aufteilung ist insofern vorgeschrieben, als nur zwei Mann als Torhüter mit entsprechender Ausrüstung und entsprechenden Privilegien im Spiel ausgewiesen werden dürfen. Die restlichen zwanzig Cracks können exakt vier Blöcke bilden, woraus sich eine Regel-Aufstellung von acht Verteidigern und zwölf Stürmern ergibt. Vier komplette Abwehr-Pärchen trifft man allerdings selten an, gebräuchlicher ist der Einsatz von sechs Defensivspielern, zwölf Angreifern und je einem Ersatzmann pro Bereich.

Der Tormann

Wer zu dick ist oder schlecht Schlittschuh läuft, der geht ins Tor? Ganz gewiss nicht! Man kommt nicht als Torhüter zum Eishockey. Am Anfang steht die Laufschule, dann die normale Feldspieler-Ausbildung mit Schläger und Puck. Wer das Zeug zum Keeper hat, das kristallisiert sich mit der Zeit heraus. Für einen guten Schlussmann ist eine Stürmer- oder Verteidiger-Vergangenheit unerlässlich. Denn nur durch sie weiß er, was Spieler, die sein Tor attackieren, im Schilde führen. Und natürlich, wie die eigenen Mitspieler im Felde sich bewegen.

Zwar liegt die vorrangige Aufgabe des Torhüters in der Abwehrarbeit, doch vor allem die kanadischen Goalies haben einen offensiven und aggressiven Stil entwickelt und international zur Norm gemacht: Da spielt der letzte Mann schon fast mit, leitet einen Angriff ein, nimmt sogar mal ein Rückspiel mit seiner Kelle auf. Der überragende Pat Roy (Colorado) ist ein eindrucksvolles Beispiel dafür. Ein Kanadier, Ron Hextall, verewigte sich in der National Hockey League sogar zweimal als Torschütze. Die gegnerische Mannschaft hatte ihre Nummer eins

vom Eis genommen, gegen einen zusätzlichen Stürmer ausgetauscht. Hextall bekam die Scheibe und jagte sie übe fast 60 Meter ins leere Netz.

Die Grundhaltung des Torhüters ist ein wenig gebeugt – und das geht ganz schön in Knie, Oberschenkel und Aduktoren. Zonen, wo diese Spezies von Spielern am häufigsten Verletzungsprobleme zu beklagen hat. Je nach Größe wählt ein Tormann U- oder A-Stellung: Die Beinschienen sind parallel zueinander. A-Stellung: Knie zusammen, Unterschenkel gehen auseinander.

Das Gros der Keeperschaft hält den Stock, mit dem aufgrund seines Gewichts und seiner Sperrigkeit schwer zu hantieren ist, rechts (woran man erkennt, dass wir in einer Rechtshänder-Gesellschaft leben), die Fanghand ist links. Diese Aufteilung trifft auf mindestens 90 Prozent zu.

Der Torhüter arbeitet mit Körper, Händen und Beinen – ein »Full-Body-Job«. Beweglich muss er sein wie eine

Dick gepolstert wirft sich der Tormann, hier Curtis Joseph von den Toronto Maple Leafs, auf die kleine Hartgummischeibe.

Die fünf Zonen des Tores

Turnerin. Spagat, Vollgrätsche – gehört alles zum Repertoire.

Sein 183 mal 122 cm großes Tor lässt sich in fünf Zonen aufteilen, die er beherrschen muss.

Zone 1 entspricht dem Raum, den er mit dem Körper, in der Tormitte stehend, abdeckt, wenn er die Beine in U-Stellung hat. Bei A-Stellung muss er eine »Tunnelung« durch den Einsatz des Schlägers verhindern. Zone 2 bearbeitet man mit Fanghand, Arm und Brust. Zone 3 mit Stockhand, rechtem Arm und rechter Brustseite. Scheiben, die auf die Stockhandplatte kommen, deckt der Torhüter mit der Fanghand zu. Die unteren Zonen sind 4 und 5.

In Zone 4 setzt der Tormann sein rechtes Bein, die Stockhand und den Schläger ein. Die Technik des seitlichen Rutschens, um flache Schüsse abzuwehren, nennt man Slide. In Zone 5 werden das linke Bein, die Fanghand und der von der Stockhand geführte Schläger als »Instrumente« benötigt. Durch den langen Ausfallschritt entsteht zwischen den Beinen jedoch viel Raum – eine Gefahr.

Manche Torhüter sind Butterfly-Typen. Das bedeutet: Bei flachen Schüssen gehen sie mit den Knien runter aufs Eis, spreizen die Beine seitlich ab. Der derzeit prominenteste Butterfly-Goalie ist der Kanadier Pat Roy, zuletzt 2001 NHL-Meister mit der Colorado Avalanche. Die Butterflytechnik hat den Vorteil, dass man blitzschnell nach unten kommt und auf beiden Seiten mit Vollgrätsche abwehren kann. Nachteile: Erstens ist man anfällig bei halbhohen Schüssen, die über die Schoner gehen. Zudem leidet mit der Zeit der Bandapparat in den Knien.

Manchmal erfordert die Spielsituation es auch, dass der Torwart im Sitz nahezu eine Spagatposition einnimmt. Oder dass er auf dem Bauch und der Seite liegend klärt. Der Bewegungsraum der Torhüter: Grundsätzlich dürfen sie nicht über die rote Mittellinie. Wenn es jemals einen Grund gab, diese zu überschreiten, dann war es, um an einer Massenrauferei teilzunehmen. Während einer Spielunterbrechung ist der Platz des Keepers der Torraum. Das Verlassen desselben wird mit einer Zwei-Minuten-Strafe geahndet.

Hinter seinem Tor darf der Schlussmann nur noch bedingt agieren. Nachdem es heftige Attacken von Angreifern, mit schweren Verletzungsfällen bei gegen die Bande gewuchteten Goalies, gegeben hatte, wurde die Regel 1990 entsprechend geändert. Seitdem muss der Torwart, wenn er hinter der Torlinie die Scheibe festhält, mit irgendeinem Körperteil diesseits der Linie bleiben.

Die Feldspieler

Ein Verteidiger muss auch als Stürmer spielen können und umgekehrt. Im modernen Grundlagentraining wird jeder Spieler auf jeder Position ausgebildet. Allmählich erfolgt natürlich eine Spezialisierung und die Entwicklung besonderer Fertigkeiten – der endgültigen Position dann angepasst.

Wenn im Folgenden nun von besonderen Anforderungen an den Verteidiger in der Defensivarbeit die Rede ist, dann gelten sie eigentlich genauso für die Stürmer, die ja ebenso, sogar in ihrem Angriffsraum, Abwehraktivitäten entwickeln müssen. Und umgekehrt: Die Verteidiger sind es, die normalerweise von ihrem Aufbauplatz neben oder hinter dem Tor den Aufbau zum Angriff einleiten.

Die Verteidiger

Verteidiger sind am besten groß gewachsen, weil das einen für den Gegner eher furchterregenden Eindruck macht und die Reichweite vergrößert; Verteidiger sollten über einen harten platzierten Schuss verfügen und keine Angst haben, sich in die Knaller des Gegners mit dem Körper zu werfen. Und es ist erforderlich, dass sie mit den Standard-Situationen der Abwehrarbeit vertraut sind:

- Sichern: Ein Verteidiger fährt in die Ecke, um dort den Kampf um die Scheibe aufzunehmen. Der andere übernimmt die verwaiste Position.
- Überlassen: Gefordert in der Situation, wo der Angreifer, den es zu stoppen gilt, hinter dem Tor läuft. Der eine Verteidiger geht den Weg nicht mit, sondern überlässt ihn dem Abwehrpartner, sichert seinerseits das Tor.
- Übernehmen durch Kreuzen: Sieht Verteidiger A, dass B schlecht postiert ist und mit einem Finalpass des Gegners überspielt werden kann, wechselt er auf dessen Seite, der Partner kreuzt ebenfalls und besetzt die vakante Position.
- Verdoppelung: Angreifen des Gegenspielers zu zweit mit strenger Aufgabenteilung: A drängt den Kontrahenten an die Bande, blockt ihn mit dem Körper ab, B übernimmt es, sich die Scheibe zu schnappen.
- Manndeckung: Der direkte Gegenspieler muss abgeblockt werden, bis eine Situation geklärt ist.

Die Stürmer

Die Zukunft, so sagen die Experten, gehört auch bei den Angreifern den großen kräftigen Cracks. Doch noch findet man jede Menge exzellenter Spieler von ganz durchschnittlichen Körpermaßen. Stürmer müssen wendig sein, technisch versiert und ein gutes Auge haben.

Den Center oder Mittelstürmer nennt man den Sturmführer. In der Tat ist er der maßgebende Mann mit den vielfältigsten Aufgaben und dem größten Wirkungssektor, der einzige Spieler auf dem Eis, dessen Zuständigkeitsbereich von Bande zu Bande reicht.

Nicht immer sind es die Mittelstürmer, die auch als die Top-Torjäger in Erscheinung treten. Denn wenn es darum geht, das Angriffs-Dreieck zu bilden, muss ja nicht immer dem Center der »Abstauber-Platz« direkt vor dem Tor gebühren. Den kann genauso gut de Außenstürmer einnehmen.

Unerlässlich für zumindest einen der beiden Flügel ist es, arbeitsintensive Deckungsarbeit zu übernehmen, einen defensiv ausgerichteten Part zu spielen. Ohne Mithilfe der vorderen Reihen stünden sonst immer zwei Verteidiger den drei Stürmern des anderen Teams gegenüber.

Typische Prinzipien der Angriffstätigkeit und Erfordernisse an die Stürmer sind:

- Sie dürfen nie stehen, müssen permanent in Bewegung sein, nach dem Abspiel weiterlaufen, sich gleich wieder anbieten, die Plätze tauschen, kreuzen – Motto: Give and go!
- Sie müssen verschiedene Formen des Passes beherrschen: Diagonal-, Steil-, Querpass, den hohen Flippass. Und den Droppass: das kurze Abtropfenlassen der Scheibe für den Mitspieler.
- Wie Verteidiger müssen sie abschirmen, abblocken.
- Vor dem Tor ist es ihre Aufgabe, Standfestigkeit gegen schiebende Verteidiger zu zeigen, den Tormann zu blenden und Schüsse gefährlich abzufälschen (Tip-in).
- Stürmer müssen Bullys gewinnen können. Und obwohl das im Normalfall die Aufgabe des Centers ist, sollten die Außen gewappnet sein. Oft kommt es zwischen den beiden Mittelstürmern zu Rangeleien, und

Nächste Seite: Der Verteidiger hat »geschlafen«, doch der Torhüter der Uni Havard kann den Torschuss des Stürmers von Boston College abwehren.

der Schiedsrichter kann zwei andere Akteure zur Ausführung bitten.

- Schließlich müssen Stürmer zwar nicht so sehr den mehr den Verteidigern vorbehaltenen mächtigen Schlagschuss beherrschen, aber den gezogenen Schuss sowie den Handgelenkschuss, der ansatzlos kommt und für den Torhüter am schwersten zu berechnen ist.

Der Trainer

Fußball-Trainer schaffen es schon mal, bei einem Verein ein halbes Jahrzehnt oder länger zu verbringen – Eishockey-Trainer hingegen verschleißen sich schneller.

Mannschaft und Trainer leben im Eishockey nämlich sehr eng zusammen, die Spieler erleben ihren Übungsleiter und Coach sehr viel intensiver. Die überwiegende Zeit eines Matches verbringt der Eishockey-Crack auf der Bank, wo er mitbekommt, welche Emotionen sein Chef zeigt, welche Unsicherheitsphasen er durchmacht, welche Fehler er begeht. Die Emotionalität auf dem Eis ist hoch, und das überträgt sich zwangsläufig auch über die 122 cm hohe Bande. Noch ein Unterschied zum Fußball: Nur während einer Pause hat da der Trainer Redezeit, im Eishockey marschiert man zweimal in die Kabine. Während der Partie kann der Trainer noch eine 30-sekündige Auszeit nehmen und seiner Mannschaft Anweisungen geben. Das geschieht zumeist in kritischen Situationen – auch da lernt man sich gut kennen ...

Trotz des Verschleißes: Einen Vorteil hat der Eishockey- gegenüber dem Fußball-Trainer – er kann nahezu alle Spieler aufstellen. Die Unzufriedenen sind dann aber die, die in Schlüsselsituationen wie dem Überzahlspiel nicht zum Zug kommen ...

Das Training inklusive Ausbildung der Spieler und Einstellung auf den Gegner ist die eine Seite der Arbeit. Die andere: das *Coaching*. Man sieht Eishockey-Trainer meistens sich Notizen machen. Se haben auch die taktischen Eigenarten des Gegners zu analysieren – man trifft sich im Eishockey in einer Saison nicht nur in Hin- und Rückspiel. Und sie müssen Spieler wieder aufbauen, sie aber ebenso von ihren Höhenflügen herunterholen.

Die psychologische und sportliche Ausbildung erfolgt durch den Deutschen Eishockey-Bund und – in höheren Stufen – durch die Trainerakademie Köln.

Nachwuchsübungsleiter: Damit fängt man an, der Lehrgang dauert 18 Stunden und berechtigt, in einer Nachwuchsmannschaft als Assistent des verantwortlichen Trainers zu arbeiten.

Übungsleiter/C-Lizenz: Hier wird es schon aufwendiger; 120 bis 144 Stunden müssen investiert werden, solides Eishockey-Können ist erforderlich, ab 16 Jahren kann man die C-Lizenz in Angriff nehmen. Sie berechtigt in Oberliga und sämtlichen Nachwuchsmannschaften, ausgenommen denen der Junioren-Bundesliga, tätig zu werden.

B-Lizenz: Sie kann erwerben, wer mindestens 20 Jahre alt ist, seit zwei Jahren den Übungsleiterschein hat und eine Tätigkeit als Trainer nachweisen kann. Zur Fortbildung genügen dann 75 bis 90 Lehrgangsstunden. Die B-Lizenz ist die Eintrittskarte zur II. Bundesliga und der höchsten Junioren-Klasse, die bundesweit spielt.

A-Lizenz: Mit ihr darf man alle Mannschaften, auch international, trainieren. Voraussetzungen: Mindestalter von 22 Jahren, zwei Jahre im Besitz der B-Lizenz, entsprechende Praxis. Neun Tage dauert der Lehrgang, der zur A-Lizenz führt. An der Trainerakademie Köln erfolgt eine überfachliche Ausbildung (vier Tage), im Eishockey-Bundesleistungszentrum in Füssen wird noch Sportartspezifisches vermittelt.

Diplom: Die Steigerung zur A-Lizenz. Der Nationaltrainer Hans Zach war der erste Eishockeytrainer, der es erwarb – als Lehrgangsbester sogar. Wer sich an diese akademische Ausbildung heranwagt, braucht A-Lizenz, Tätigkeitsnachweis, eine Empfehlung seines Verbandes, außerdem die mittlere Reife. Auf drei Wegen gelangt man dann zum Diplom. Per Direktstudium (eineinhalb Jahre Dauer), Fernstudium (vier Jahre) oder Kombinationsstudium (zweieinhalb Jahre).

Mit dem Lizenzerwerb ist es nicht getan. Der C-Trainer muss einmal innerhalb von vier Jahren eine Fortbildungsmaßnahme besuchen, alle anderen Gruppen sind im Zwei-Jahres-Rhythmus dran. Bei Untätigkeit über mehr als zwölf Monate kann nach den neuesten Richtlinien des DEB die Trainerlizenz entzogen werden. So sind die Trainer gezwungen, immer was zu tun – wenn nicht bei den Senioren, so eben im Nachwuchs. Mutig, mutig, wenn ein deutscher Trainer so viel Zeit in seine Karriere investiert, die dann vielleicht gar nicht stattfindet. Denn in den oberen Ligen stellen die aus-

ländischen Experten den größten Anteil der Trainergarde. Um die eigenen Leute zu schützen, hat der DEB seine Richtlinien verschärft: Ein ausländischer Trainer, der eine gleichwertige Ausbildung in seinem Verband belegen kann, erhält eine Gastlizenz für nur ein Jahr (die Entscheidung darüber liegt beim Trainerausbildungsstab) und muss, falls er bleiben will, auch hier die entsprechenden Lehrgänge besuchen. Tschechische und schwedische Trainer haben eine sehr fundierte Ausbildung und normal keine Probleme, anerkannt zu werden. In Kanada jedoch absolviert man weitaus weniger Stunden als in Deutschland – so dass sich hauptsächlich

bei den nord-amerikanischen Gastarbeitern Streit- und Härtefälle ergeben.

Und was ist mit Spielertrainern? Eine solche Zwitter-Stellung ist auf Dauer verboten, allenfalls für die Übergangsphase von einigen Wochen wird geduldet, dass ein Spieler nach der Entlassung des Trainers auch dessen frühere Rolle übernimmt. Trotzdem favorisieren niederklassige Klubs die Lösung Spielertrainer – weil sie schlicht billiger ist. Allerdings muss dann ein lizenzierter »Strohmann« gefunden werden, der sich an die Bande stellt und in der Öffentlichkeit als der einzig wahre Trainer auftritt.

Kein Durchkommen für die Stürmer der Montréal Canadiens: Pittsburghs Torhüter Garth Snow sichert den Puck.

Der Schiedsrichter

Der Schiedsrichter fängt klein an, wird in seinem Landesverband bei Nachwuchs-, Landes- oder Bezirksligaspielen getestet und beurteilt. Der Aufstieg in den DEB-Bereich erfolgt freilich zügig, als Linienrichter kann man ziemlich schnell sogar die Qualifikation für die DEL und internationale Turniere erreichen.

Im Nachwuchs sowie den Seniorenklassen bis zur Regionalliga werden Spiele im Zwei-Mann-System geleitet. Was bedeutet, dass es zwei gleichberechtigte Schiedsrichter gibt. Sind sie sich in der Beurteilung einer Situation uneins, liegt die Entscheidungsgewalt bei dem, der dem Brennpunkt näher gestanden ist.

Dies war das bis zum Jahr 1976 in allen Ligen gängige System. Dann ging man zu einer Änderung über, die aus Nordamerika importiert wurde. Einem Hauptschiedsrichter werden zwei Linienrichter (Linesmen) zur Seite gestellt. Aufgabe der Helfer: Sie sind für den einwandfreien technischen Ablauf der Partie zuständig, kümmern sich also darum, Abseits, Icing, zwei-Linien-Pässe anzuzeigen. Fouls gehen sie nichts an – eigentlich. Beobachten sie jedoch krasse Regelverstöße, die mindestens eine große Strafe nach sich ziehen müssen, melden sie das dem Hauptschiedsrichter bei der nächsten Spielunterbrechung.

Die Strafen spricht der Hauptschiedsrichter aber allein

Unerlaubter Weitschuss

Bandencheck

Stockcheck

Ellbogen

Stockschlag

Stockendenstoß

Stockstich

Übertriebene Härte

Strafschuss

Matchstrafe
(Spielausschluss)

a) Kein gültiges Tor
b) Kein unerlaubter Weitsschuss
c) Kein Abseits

Behinderung

Bein stellen

Halten

Beobachteter Regelverstoss,
der nicht sofort gepfiffen wird

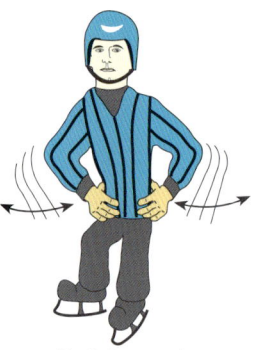

Disziplinarstrafe,
Spieldauer-Disziplinarstrafe
Schwere Disziplinarstrafe
Unsportliches Verhalten

Haken

Hoher Stock

Unerlaubter
Körperangriff

Mittellinien-Abseits-Pass

Auszeit

aus. Ebenso liegt die Entscheidung »Tor« oder »kein Tor« ausschließlich bei ihm. Rücksprache kann er im Zweifel natürlich nehmen.

Dadurch, dass der mit roten Armbinden gekennzeichnete Hauptschiedsrichter sich um triviale Sachen wie Abseits nicht kümmern muss, hat er die Augen frei für die Beobachtung der Akteure. Das System mit drei Mann hat sich bewährt und in der NHL ging man 2000 sogar dazu über, zwei Hauptschiedsrichter einzusetzen, um der härteren Gangart gerecht zu werden.

International und in der DEL wird das Schieds-/Linienrichter-Gespann noch durch zwei Torrichter ergänzt, die hinter der Bande in Glashäusern postiert sind und mit einer Lampe anzeigen können, ob aus ihrer Sicht der Puck die Torlinie überschritten hat. Die endgültige Entscheidung über die Anerkennung eines Tores liegt aber auch hier beim Hauptschiedsrichter.

Wie machen Schieds- und Linienrichter sich verständlich? Grundsätzlich sollen sie keine Quasselstrippen sein und nur im erlaubten Rahmen mit den Kapitänen der Mannschaften über die Regelauslegung debattieren – zur Erklärung der Vergehen gibt es eine internationale Zeichensprache mit 21 Gesten.

Die Ausrüstung des Schiedsrichters: schwarze Hose und das typische zebragestreifte Hemd, Pfeife, Maßband (um etwa beanstandete Ausrüstungsteile überprüfen zu können). Die Schüsse der Spieler sind scharf, als Schiedsrichter kann man da auch mal im Weg stehen. Deshalb: Schienbein- und Tiefschoner sind unverzichtbar. Inzwischen ist auch der Helm vorgeschrieben, nachdem es zu Kopfverletzungen und längeren Bewusstlosigkeiten gekommen war.

Prominente Namen früherer Spieler findet man in der Schiedsrichter-Zunft selten. Bislang haben die Aktiven sich gescheut, auf die andere Seite zu wechseln, weil sie genau wissen, was da auf einen zukäme. Zudem will keiner, der in der Bundesliga oder DEL als Aktiver etabliert war, als Pfeifenmann den Weg über die unterste Klasse und Nachwuchsspiele gehen.

Die Offiziellen

Während des Spiels kooperiert der Schiedsrichter mit Stadionsprecher, Zeitnehmer, Strafzeitnehmer und Punktrichter.

Der offizielle Punktrichter ist eine Art Protokollführer. Er füllt den Spielberichtsbogen aus, indem er Torschützen, Assistenten und Torhüterwechsel einträgt. Der Strafzeitnehmer schreibt nieder: Zeitpunkt und Dauer der Strafzeiten, ihnen zugrunde liegendes Vergehen, verursachender Spieler. Oft hat er zwei Helfer auf den Strafbänken, die Bandentüren öffnen, wenn Strafzeiten abgelaufen sind. Der Strafzeitnehmer koordiniert auch bei dicht besetzter Bank, wer wann zurückdarf, gegebenenfalls erst bei der nächsten Spielunterbrechung. Zudem weist er den Schiedsrichter darauf hin, wenn ein Spieler die zweite große oder Disziplinarstrafe im Match erhalten hat, was ja zum sofortigen Ausschluss führen würde. Der Zeitnehmer steuert die Spieluhr, auf der auch Strafzeiten und Spielstand angezeigt werden. Er muss immer genau aufpassen, dass er Unterbrechungen der Partie rechtzeitig mitbekommt und die Uhr anhält. Der Stadionsprecher sagt Tore und Strafzeiten an – außerdem kündigt er die jeweils letzte Spielminute im ersten und zweiten Drittel an. Im Schlussabschnitt weist er darauf hin, dass »noch zwei Minuten« und »die letzte Minute« zu absolvieren sind.

Diese Helfer stellt der gastgebende Verein. Absolute Objektivität fehlt manchmal bei ihnen. So ist es durchaus gebräuchlich, dass der Zeitnehmer die Uhr bei Bedarf auch mal einige Sekunden weiterlaufen lässt. Der Auswärtsmannschaft sollte folglich das Recht zugestanden werden, eine Kontrollperson neben dem Zeitnehmer zu platzieren – das ist zwar selten, aber schon vorgekommen. Ansonsten gilt, dass sich im Eishockey wie im Leben alles ausgleicht. Und: Jedes zweite Spiel bestreitet man halt nicht zu Hause.

Eishockey –
Traumland Nordamerika

Jeder Eishockeyfreund kennt das Kürzel »NHL« für die National Hockey League und schätzt es, denn dahinter verbirgt sich nicht einfach nur eine beliebige Profiliga aus Nordamerika, sondern die absolut beste Liga im schnellsten Mannschaftssport der Welt. In der NHL spielen die Topspieler aus Kanada, den USA, Skandinavien, Russland, der Tschechei und sogar aus Deutschland. In die Hallen der 30 Clubs in Nordamerika pilgern die meisten Zuschauer – in der Regeln über 15.000 pro Spiel –, Geld scheint in Hülle und Fülle vorhanden zu sein und in New York hat das beste Liga-Office, mit den optimalsten Marketingstrategen im Eishockeysport seinen Sitz. Doch bis das Eishockey und die NHL in diese Position kamen, war ein langer, steiniger Weg zurückzulegen. »Erfunden« in Kanada breitete sich Eishockey zunächst nur zögernd in den USA aus, wo die drei »Großen«, American Football, Baseball und Basketball, dominierten. 1917 wurde die NHL ins Leben gerufen – bis heute sind

Mario Lemieux (weißes Trikot) hat die Lücke gefunden und erzielt gegen die Montréal Canadiens ein Tor.

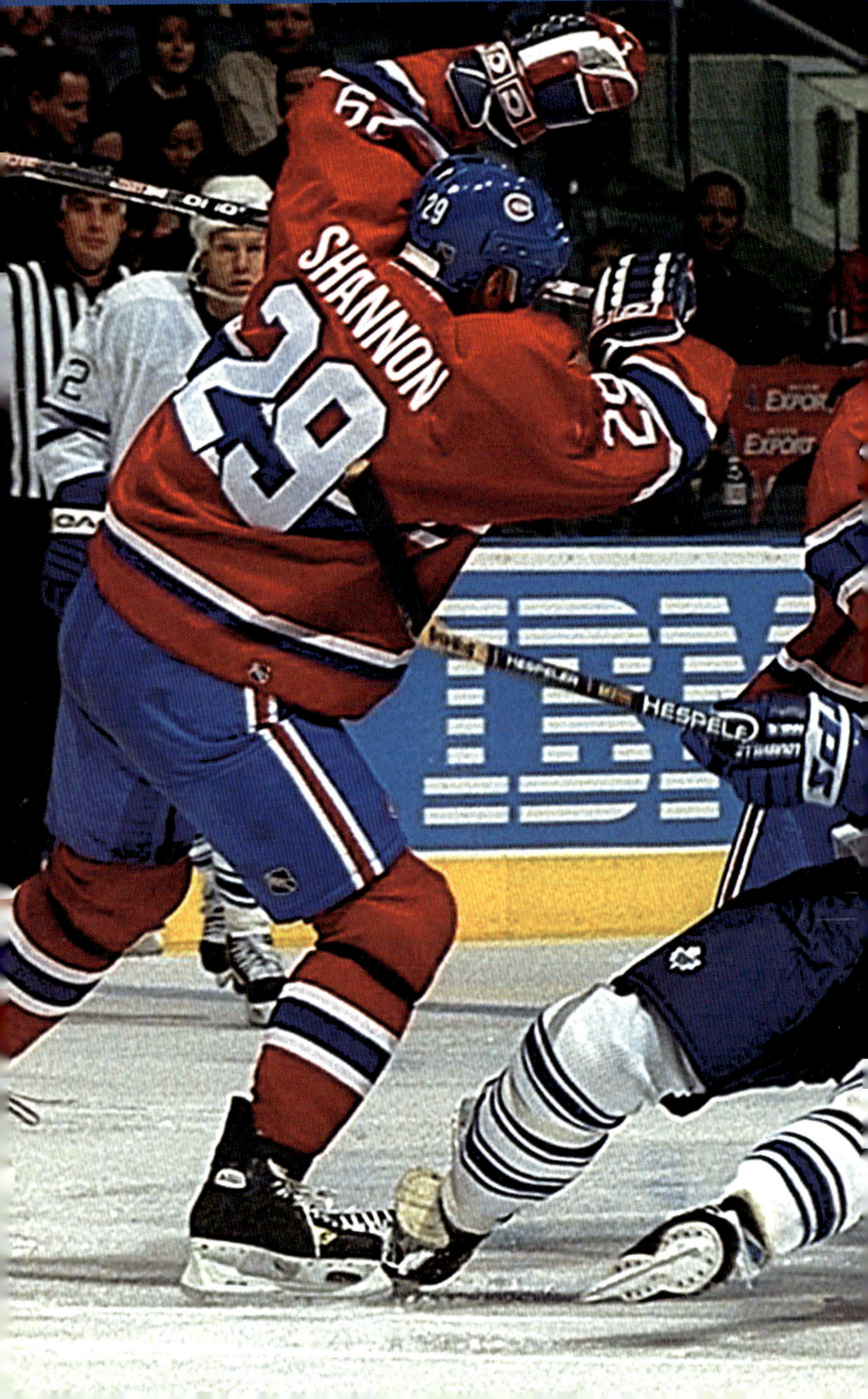
SHANNON
29
IBM
EXPORT
HESPELER

*Vorherige Seite:
Stehen sich die
NHL-Traditions-
mannschaften
Montréal (rot)
und Toronto
gegenüber,
fiebert ganz
Kanada mit.*

sechs der Teams aus den Gründertagen noch aktiv: die Montréal Canadiens, Toronto Maple Leafs, Detroit Red Wings, Boston Bruins, New York Rangers und Chicago Blackhawks.

Legendäre Mannschaften

Allein den Namen Montréal Canadiens lässt sich jeder Eishockeyfan mit Genuss auf der Zunge zergehen. Keine andere Mannschaft hat über Jahrzehnte derart hochklassiges Eishockey geboten, kein Verein im Berufssport so viele Titel gewonnen – 23-mal ging der Stanley Cup in die frankokanadische Metropole – und kein Club Superstars in so großer Zahl hervorgebracht. In jedem Jahrzehnt seit der Gründung der NHL finden sich die Canadiens mindestens einmal auf der Siegerliste, zwischen 1953 und 1979 dominierten die Frankokanadier die Liga fast nach Belieben: 16 Stanley-Cup-Gewinne und drei Vizemeisterschaften konnten sie in ihrer bisher glanzvollsten Epoche verbuchen.

Es gab Zeiten, da trennte sich Kanadas Eishockeywelt in zwei Lager: Einerseits die (zumeist frankokanadischen) Anhänger der Montréal Canadiens, die »Roten«, und andererseits diejenigen der Toronto Maple Leafs, die »Blauen«. Seit Gründung der NHL, 1917, liefern sich diese

*Hart zur Sache
ging es in
einer Partie
zwischen San
Jose und
Toronto vor
dem Tor der
Maple Leafs.*

beiden Teams packende Duelle und bis in die Sechziger hinein galten die Leafs neben den Detroit Red Wings als die einzigen ernst zu nehmenden Gegner der Canadiens. Während letztere immer wieder Grund zum Feiern hatten, müssen die Fans der Leafs schon weiter zurückdenken, um sich an den letzten Erfolg zu erinnern: 1967 war der vorläufig letzte der insgesamt 13 Titelgewinne gelungen. Inzwischen sind die Duelle zwar immer noch Prestige trächtig, aber schon lange haben die beiden kanadischen Teams nicht mehr um Meisterehren gespielt. Eishockey steckt im Mutterland des Sports in der Krise, während es beim südlichen Nachbarn boomt.

Neben Detroit sind die »Big Bad Bruins« aus Boston ein Traditionsclub. Mit Härte, Schnelligkeit und Durchsetzungsvermögen strebte man nach Erfolg, genauso wie die seit den 1970ern gefürchteten »Broad Street Bullies« aus Philadelphia. Die Flyers waren es auch, die den damals übermächtigen Russen mit ihrer Spielweise Angst und Schrecken einflößten. Bis heute geht die Mannschaft aus der »Stadt der Brüderlichen Liebe« nicht zimperlich mit dem Gegner um.

Inzwischen mischen auch die Senators (weiß) aus Kanadas Hauptstadt Ottawa in den kanadischen NHL-Duellen munter mit.

Vorsicht, Stürmer im Anflug! Joe Sakic, Star der Colorado Avalanche, mit einer ungewöhnlichen Einlage.

Den europäisch-orientierten Spielfluss führten die Edmonton Oilers in der NHL ein. 1978 sorgte dort ein 17-jähriger blonder Junge erstmals für Aufsehen, Wayne Gretzky. Der damalige Manager Glen Sather baute in den 1980ern um den bedeutendsten Eishockeyspieler aller Zeiten eine bereits heute als legendär geltende Mannschaft auf. Schnelles, pass- und offensiv-orientiertes Eishockey galt als Markenzeichen der Oilers, eine perfekte Mischung aus kanadischen und europäischen Eigenschaften. Die glanzvolle Vorstellung der Oilers in den 1980ern zeigt bis heute Auswirkungen, viele Mannschaften versuchen immer noch das Erfolgsrezept des Meisters von 1984, 1985, 1987, 1988 und 1990 zu kopieren.

Eishockey-Mekka New York

Was treibt das Adrenalin der Fans auf den höchsten Pegel? Lokalderbys! Sie sind in jeder Sportart das Salz in der Suppe, gehorchen ihren eigenen Gesetzen und Re-

geln. Im Großraum New York streiten sich gleich drei Klubs um Ruhm und Ehre in der NHL: die New York Rangers, die New York Islanders und die New Jersey Devils. Da alle drei schon den Stanley Cup gewonnen haben, darf sich New York zu Recht als »Mekka des Eishockeys« fühlen, zumal hier auch das NHL-Büro zu Hause ist. Wenn die Teams aufeinandertreffen, werden scheinbar gesittete Büroangestellten zu fanatischen Raudis und feine Damen zu Furien. Vom Madison Square Garden, dem Tempel des Eishockeys, sind es nur wenige Autominuten zur Meadowlands Arena, wo die Devils zu Hause sind, und das Nassau Coliseum der Islanders kann mühelos mit dem Nahverkehrszug erreicht werden, der bezeichnenderweise im Untergeschoss des Madison Square Garden Station macht. Am heftigsten ist die Rivalität zwischen den Rangers und den Islanders, man könnte fast von einem »Bruderkampf« sprechen, den es, wie Rangers-Superstar Mark Messier meint, nicht noch einmal gäbe: »Wenn sich diese beiden Teams gegenüberstehen, dann fliegen buchstäblich die Fetzen«.

Auch ein Torhüter, hier Montréals Jeff Hackett, kann handgreiflich werden, wenn ihm ein Stürmer zu nahe kommt.

Der Kanadier Pat Roy von Colorado Avalanche gilt als der derzeit erfolgreichste Torhüter der NHL.

Krise im Mutterland

Wer dieser Tage ein Spiel der Edmonton Oilers oder Montréal Canadiens besucht, kann sich kaum vorstellen, dass diese Mannschaften einst das NHL-Geschehen dominierten. Ein Grund für die gegenwärtige Misere liegt darin, dass die kanadischen Vereine immer weniger mit den finanzkräftigen US-Clubs mithalten können. Da der kanadische Dollar ein Drittel weniger wert ist als der US-Dollar, fehlt den Vereine am Ende immer wieder Geld, da die Stars natürlich in der üblichen US-Währung bezahlt werden wollen.

»Batman« der Retter

Wie der Comic- und Kinoheld »Batman« ursprünglich auch nur ein unscheinbarer Büroangestellter war, der immer im passenden Moment explodierte, ist auch NHL-Boss Gary Bettman ein umgänglicher und eher unscheinbarer Mann. Ihm ist es jedoch gelungen, durch

Omnipräsenz, mit Fleiß und akribischer Planung die NHL vor dem Ruin zu retten. Er hat es in wenige Jahren geschafft, die NHL fest neben American Football, Baseball und Basketball zu etablieren und doch verfällt er nicht dem Trugschluss, dass Eishockey diese drei Sportarten jemals verdrängen könnte. Eine gleichberechtigte Aufnahme in den »Olymp des Profisports« erscheint jedoch realistisch und dazu bedarf es eines neuen Images: Nicht nur oberflächlich – in Form von neuen Abzeichen und schicken Designs – soll für Attraktivität gesorgt werden, sondern auch durch mitreißendes Spiel. Schlägereien und brutale Fouls werden hart bestraft und ein defensiv-destruktives Spiel soll durch neue Regeln im Keim erstickt werden. Tore, schnelle und abwechslungsreiche Aktionen sollen Fans bei der Stange halten, die Stars besser vermarktet werden.

Ein weiterer Schritt, Eishockey als Weltsport zu etablieren, ist damit gelungen, dass bei den Olympischen Spielen stets die besten Spieler der NHL für ihre Nationen freigestellt werden. »Olympia ist eine ideale Werbekampagne für das Eishockey«, gibt Bettman unumwunden zu. Die nächste wichtige Maßnahme, die ansteht, ist die Stabilisierung der Franchises der NHL. Durch Um-

NHL-Boss Gary Bettman überreicht Pat Roy die Trophäe für den besten Spieler des NHL-Finales 2001.

siedlung oder unter Zuhil-
fenahme eines speziellen
Fonds sollen alle 30 Clubs
in wenigen Jahren nur
noch schwarze Zahlen
schreiben.

Die begehrteste Trophäe im Eishockey

Schön ist er ja nicht gerade, aber trotzdem will ihn
jeder haben: den Stanley
Cup, die traditionsreichste
Trophäe im Eishockeys-
port. Es begann alles am
18. März 1892, als während
einer Wohltätigkeitsver-
anstaltung der Ottawa
Amateur Athletic Associa-

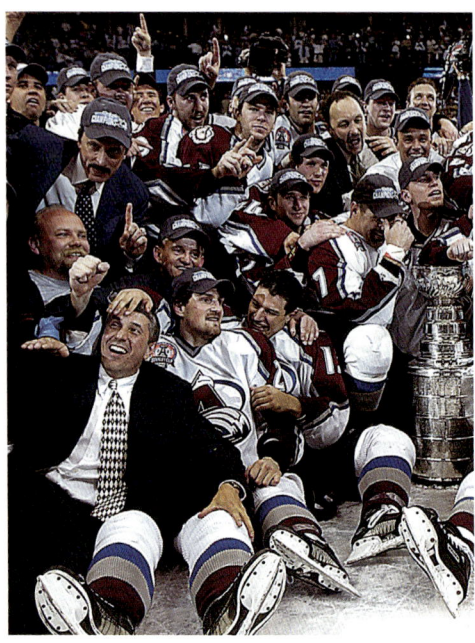

Die Spieler der Colorado Avalanche feiern den Gewinn des Stanley Cups, der begehr-testen Trophäe im Eishockey.

tion ein Herr namens Lord Kilcoursie, selbst begeisterter
Eishockeyspieler, einen Brief von Lord Stanley, Earl of
Preston und General-Governor der englischen Krone in
Kanada, erhielt. Darin schlug Stanley vor, eine Endrunde
der besten Eishockeymannschaften Kanadas einzuführen und für den Meister einen Pokal zu stiften.
Wenig später kaufte der Lord tatsächlich um 50 US-
Dollar einen Pokal und händigte ihn zwei Vertrauens-
personen aus. 1893 wurde der nach dem Stifter be-
nannte Cup erstmals ausgespielt, anfangs kämpften
vorwiegend Amateure um die Trophäe, doch ab 1909
beherrschten Profimannschaften die Siegerliste. 1910
wurde die National Hockey Association (NHA) gegründet, der Vorläufer der NHL, der bis 1914 das Geschehen
beherrschte. 1918 griffen erstmals NHL-Mannschaften
ein und dominierten klar, ehe 1927 der Stanley Cup als
offizielle Trophäe in den Besitz der NHL überging. Seit-
her wird dem NHL-Meister Jahr für Jahr der Wanderpo-
kal überreicht. Er gilt auch über die NHL hinaus als die

ruhmvollste, traditions-
reichste und schwerste
Sporttrophäe, die übri-
gens nie ohne eigenen Bo-
dyguard auf Reisen geht.

Melting Pot NHL

Amerika wird gerne als der
»Schmelztiegel der Natio-
nen« bezeichnet, wenn-
gleich dies nur oberflächlich betrachtet zutrifft. In
der alltäglichen Realität
leben die Menschen un-
terschiedlichster ethni-
scher Herkunft vielmehr in
ihren eigenen, mehr oder
weniger deutlich abge-
grenzten Enklaven, pfle-
gen ihre eigenen Kulturen und Traditionen, ihre Küche
und ihre Sprache. »Melting Pot« trifft da schon eher auf
die NHL zu, und das nicht erst seit dem Fall des Eisernen
Vorhangs. Schon von ihrer Gründung, 1917, an, versuch-
te die beste Liga der Welt, Staatsgrenzen und Nationa-
litäten zu ignorieren. Eine Ausländerklausel ist in der
NHL nicht nur unbekannt, sie würde dort sicher auch
auf vehemente Ablehnung stoßen. Woher ein Spieler
kommt, ob er dunkler, weißer oder gelber Hautfarbe ist,
interessiert niemanden, Hauptsache, er versteht etwas
vom Eishockey und kann seinen Anteil zum harmoni-
schen Vereinsleben leisten.

Marco Sturm ist einer der ersten deutschen Spieler, die sich in der NHL bei den San Jose Sharks einen Namen gemacht haben.

Die Talentziehung, die »Draft«

Beim Blick auf eine NHL-Tabelle wird klar: Irgendetwas
läuft hier ganz anders. Da gibt es kein übersouveränes
Team, das die Siege serienweise einfährt. Und ebenso

wenig den absoluten Prügelknaben. Die National Hockey League versteht sich eben auch als Wirtschaftsunternehmen und Teil der Unterhaltungsindustrie. Und diese Zweige florieren nur bei guter Wettbewerbslage. Ergo: Die Liga muss ausgeglichen, spannend sein.

Dafür, dass die Stärkeren nicht noch überlegener werden und die Schwachen nicht ausbluten, sorgt das ausgefeilte Draft-System. »Draft« – das heißt Ziehung, ist in Europa aus rechtlichen Gründen (freie Wahl des Arbeitsplatzes) nicht möglich, in den amerikanischen Profiligen (auch im Basket- oder Football) jedoch eine Regel des Business, über die sich kaum jemand aufregt.

In der NHL funktioniert die Draft so: Jeder Verein hat das Recht, sich eine Option auf ein Talent, das er sich ausge-

Der Aufbau der NHL

Eastern Conference

- *Atlantic Division*
  New Jersey Devils
  New York Islanders
  New York Rangers
  Philadelphia Flyers
  Pittsburgh Penguins

- *Northeast Division*
  Boston Bruins
  Buffalo Sabres
  Montréal Canadiens
  Ottawa Senators
  Toronto Maple Leafs

- *Southeast Division*
  Atlanta Thrashers
  Carolina Hurricanes
  Florida Panthers
  Tampa Bay Lightning
  Washington Capitols

Western Conference

- *Central Division*
  Chicago Blackhawks
  Columbus Blue Jackets
  Detroit Red Wings
  Nashville Predators
  St. Louis Blues

- *Northwest Division*
  Calgary Flames
  Colorado Avalanche
  Edmonton Oilers
  Minnesota Wild
  Vancouver Canucks

- *Pacific Division*
  Anaheim Mighty Ducks
  Dallas Stars
  Los Angeles Kings
  Phoenix Coyotes
  San Jose Sharks

guckt hat (meist machen diese »Scouts«, die überall auf der Welt Trainingscamps besuchen, Nachwuchsspiele anschauen), zu sichern. Drei Jahre lang darf dem »Gezogenen« dann auch nur von dem einen betreffenden Klub ein Angebot unterbreitet werden. Der Spieler muss nicht annehmen, aber bei einem anderen Arbeitgeber in der NHL kommt er auch nicht unter. Alternativen sind dann, in der Juniorenliga zu bleiben (wenn das vom Alter her noch geht), in eine niedrigere Klasse oder nach Europa auszuweichen.

Verschaufpause für den deutschen Super-Goalie Olaf Kölzig, Rückhalt der Washington Capitols.

Noch eine Möglichkeit bildet – für Kanadier – die Nationalmannschaft, das *Team Canada*, das auf der Suche nach geeigneten Spielern für das nächste Olympia-Turnier ganzjährig durch die Welt tingelt.

Der Reiz der Draft ist der, dass immer der schwächste Klub des Vorjahres zuerst zieht, also bessere Leute bekommen kann als der ohnehin schon stark besetzte Stanley-Cub-Gewinner. So wurden etwa im Verlauf der letzten Jahre die Colorado Avalanche derart aufgewertet, dass sie 1996 und 2001 selbst Meister werden konnten.

Jede Draft geht über zwölf Runden, stets ist zuvor der schwächste Verein des Vorjahres dran, dann der zweitschwächste – bis zum Topteam. Als bedeutend angesehen werden jedoch nur die Ziehungen der ersten drei Runden – darunter sind die wirklichen Talente, deren Entwicklung mit einiger Sicherheit abzusehen ist.

Gedraftet werden jedes Jahr auch viele europäische Spieler – zunehmend junge Russen, Schweden und Finnen seit jeher schon und inzwischen auch Deutsche. Dabei gelten die gleichen Regeln. Ein Europäer, der in die NHL will und in der Talentziehung war, muss zu dem Klub, der das Anrecht auf ihn hat.

Statistik-Paradies NHL

Fragen Sie einmal einen deutschen Bundesligaspieler, wie viele Partien er in der höchsten Spielklasse absolviert, was er an Toren und Vorlagen dazu abgeliefert habe. Sie werden stets eine Antwort bekommen, die so losgeht: »Hm, na, so ungefähr ...« Das kann im nordamerikanischen Eishockey nicht passieren. Dort erfährt man über (fast) jeden Spieler alles ganz detailliert. Die »Bibel«, die Karriereverläufe statistisch erfasst, heißt »Guide & Record Book«. Es gibt auch eine (nahezu identische) Konkurrenzversion, das »Hockey Register« der Fachzeitschrift »Sporting News«.

Besonders akribisch ist man in Nordamerika mit dem Erfassen von Bestmarken. Als Beispiel in Auszügen, was an Rekorddaten über den Megastar Wayne Gretzky so alles erfasst ist:

- In seiner ersten NHL-Saison war er der jüngste Spieler aller Zeiten, der eine NHL-Trophäe gewann, mehr als 50 Tore erzielte, über 100 Skorerpunkte verbuchte
- Er ist der jüngste Spieler, der jemals ins All-Star-Team berufen wurde
- Rekordhalter mit Saisontoren (92), Saisonassists (135) sowie Skorerpunkten (212). Diese Marken verbesserte er später noch auf 97/165/255
- Play-off-Reordler in Sachen Assists (31) und Skorerpunkte (47)
- Schaffte die meisten Assists in einem Drittel (3) und einem Spiel (5), ohne selbst einen Torversuch unternommen zu haben
- Erreichte am schnellsten in einer Saison die 50-Tore-Marke (nach 39 Spielen)

- War am schnellsten, schon nach 234 Spielen, bei 500 Karriere-Skorerpunkten angelangt, natürlich auch als Jüngster
- Größter Vorsprung in einer Skorerwertung, nämlich 25 Punkte
- Zehn Spiele mit drei oder mehr Toren in einer Saison – Rekord
- Tor-Rekord in einem All-Star-Spiel zwischen Campbell und Wales Conference mit vier Treffern, Punkterekord mit sieben
- Ununterbrochenes Punkten in 51 Spielen in Serie
- Schoss die meisten Unterzahltore in einer Saison, es waren zwölf
- Sammelte 1000 NHL-Punkte in der geringsten Zeit (424 Spiele)
- Play-off-Rekord für Assists in einer Spielserie (14 gegen Chikago)
- War der erste Spieler, der in zehn Saisons nacheinander über 100 Skorerpunkte kam
- Gab die meisten Vorlagen in einem Play-off-Spiel (6)
- Schoss in zehn aufeinanderfolgenden Spielzeiten stets mehr als 40 Tore und schaffte die meisten Skorerpunkte in der gesamten NHL-Geschichte.

Sven Butenschön versucht über die Minor League in der NHL einen Stammplatz zu ergattern.

Boomsport »Hockey«

In den letzten Jahren boomt in ganz Nordamerika der Eishockeysport. Die NHL stellt die Spitze des Eisbergs dar, doch darunter verbreitert sich die Basis des Profihockeys zunehmend. Inzwischen gibt es fast in jeder größeren Stadt Nordamerikas eine unterklassige Profimannschaft. Daneben nimmt die Zahl der professionell geführten Juniorenligen und Universitätsmannschaften zu. Es scheint, dass Eishockey nach Kanada nun auch in den USA Volkssportcharakter annimmt. »Hockey« wie die Nordamerikaner sagen, egal ob auf Eis oder Beton, könnte sich zur Sportart des 21. Jahrhunderts mausern.

Nirgendwo ist der Boom des Eishockeys so deutlich zu spüren wie im Minor League Hockey. Trotz aller qualitativen Unterschiede zwischen den einzelnen Ligen sind wachsende Zuschauerzahlen das verbindende Element. Abwechslungsreiche und hochklassige Spiele sind das eine, was Fans anlockt, Show und Entertainment das andere, und nicht zuletzt stimmt der Preis, denn viele können sich die teuren NHL-Tickets auf Dauer nicht leisten. »Minor League« bedeutet nicht nur unterklassiges Eishockey, sondern auch, dass die Mannschaften Nachwuchsarbeit für die NHL oder einer höherklassige Minor League leisten. So gilt die AHL (American Hockey League) seit über 60 Jahren als die Ausbildungsliga der NHL. Sie bildet die Spitze der Minor Leagues, darunter tummelt sich eine ganze Reihe weiterer Profiligen unterschiedlichen Spielniveaus: die ECHL (East Coast Hockey League), die CHL (Central Hockey League), die WCHL (West Coast Hockey League) und die UHL (United Hockey League). Professionell arbeiten zudem die regionalen kanadischen Juniorenligen WHL (Western Hockey League), OHL (Ontario Hockey League) und QMJHL (Quebec Major Junior Hockey League), zu denen auch einige US-Teams gehören, sowie die fünf US-College-Ligen.

Eishockey – in Deutschland ein Sport im Kommen

Die Wiege des deutschen Eishockeys stand in Berlin, doch nach dem Zweiten Weltkrieg verlagerte sich die Szene nach Bayern; es begann die Ära des *EV Füssen*, später auch die des *SC Riessersee, EC Bad Tölz, EV Landshut*. Allesamt werden nach wie vor als traditionelle Talentschmieden respektiert.

Entwicklung zum Großstadtsport

Heute findet man viele alteingesessene Vereine nur mehr in unterklassigen Ligen. Oben regieren jetzt die Großstadtklubs: Düsseldorf, Köln, Berlin, Mannheim, München, Krefeld. Klein nehmen sich dagegen schon Teams wie Augsburg und Schwenningen aus.
Diese Entwicklung nahm Mitte der 60er Jahre ihren Anfang, als sich mit Otto Schneitberger und Sepp Reif zwei Nationalspieler von ihrem Heimatclub Bad Tölz lösten

Die deutschen Fans gelten wegen ihrer Lautstärke und Sachkenntnis als die besten der Welt.

und in Düsseldorf an-
heuerten. Eine Sensation
damals. Die Tölzer Ver-
einsführung verweigerte
die Freigabe, die beiden
wechselwilligen Stars
wurden für 18 Monate
auf Eis gelegt. Erst hin-
terher waren sie für ihren
neuen Arbeitgeber frei.
Arbeitgeber – das Stich-
wort. Bei den Großstadt-
klubs war durch die
Sponsorengelder von Fir-
men ganz einfach Geld
da, um gute Spieler an-
zulocken. Warum also
sollte einer im Süden
»just for fun« Sport trei-
ben, wenn sich im We-
sten die Möglichkeit bot,
mit dem Hobby den Le-
bensunterhalt zu si-
chern. Überdies war das
Angebot an Arbeits- und

NHL-Star Marco
Sturm bei der
WM 2001 im
Trikot der deut-
schen National-
mannschaft.

Ausbildungsplätzen in einer Metropole natürlich entsprechend größer.

Eine bayerische Völkerwanderung setzte zeitweise
nach Berlin ein. Denn vor der deutschen Einheit genoss
die Spree-Stadt einen Sonderstatus. Die Vereine – erst
der *Schlittschuh-Club*, später der *BSC Preussen* – erhiel-
ten ihren finanziellen Aufwand für Auswärtsfahrten
vom Senat erstattet. Ein Gesetz. Höchst angenehm für
die Betroffenen, denn dadurch waren schon einmal im-
mense Kosten eingespart. Ab und an wurde auch ein
Scheck der Berliner Spielbank überreicht, die eventuelle
Überschüsse an gemeinnützige Institutionen weiter-
reichen muss – davon profitierte immer wieder einmal
der Sport. Fürs spielende Eishockey-Personal war also
Geld vorhanden. Und die Spieler schätzten darüber hin-

Fest im Griff hatten bei der WM 2001 Thomas Greilinger (links) und Jörg Mayr ihren Schweizer Gegenspieler.

aus noch, dass sie mit Wohnsitz West-Berlin von der allgemeinen Wehrpflicht entbunden waren. Konnten das hingegen Füssen, Riessersee oder Bad Tölz bieten? Eben nicht.

Mittlerweile geht ohne massiven finanziellen Einsatz im Eishockey nichts mehr. Und freigebige Sponsoren findet man zumeist nur in der Großstadt.

Die DEL

Das Jahr 1994 markierte einen Einschnitt im deutschen Eishockey: Spielten vormals die besten Vereine in der 1. Bundesliga als höchster Spielklasse mit Auf- und Abstieg, wurde damals eine neue Profiliga, die DEL (Deutsche Eishockey Liga), gegründet, nach dem Muster des nordamerikanischen Profisports und der NHL. Lässt man die ersten Spielzeiten der DEL Revue passieren,

kann man sich des Eindrucks nicht erwehren, dass der vielfältig geübten Kritik an der Liga im gleichen Maße das Streben der Vereine gegenübersteht, Mitglied der DEL zu werden. Die Idee, eine Profiliga aufzubauen, war ohne Zweifel ein genialer Einfall und könnte sich als gelungener Schachzug entpuppen. Bei aller Euphorie bei der Realisierung des in Nordamerika üblichen Franchisesystems darf man nicht vergessen, dass eine derartige Liga selbst in den USA lange bis zum Durchbruch braucht und sich die Überlebensfähigkeit einer Profiliga erst allmählich zeigt. Krisen bei einzelnen Franchises gehören dabei fast zur Tagesordnung, doch schließlich bedeutet ein Umzug oder die Auflösung eines Clubs noch lange kein Scheitern des Gesamtunternehmens. Nach Jahren des Konflikts zwischen der DEL und dem deutschen Verband DEB hat sich in den letzten Jahren endlich die Vernunft durchgesetzt. Nur gemeinsam kann man den deutschen Eishockey international an die

Der Jubel ist berechtigt: Die deutsche Mannschaft freut sich über das 2:2 gegen den Weltmeister Tschechien.

Wayne Hynes und Len Soccio bejubeln ein Tor der Deutschen bei der WM 2001 gegen die Kanadier.

Rechts: Die Deutschen sind wieder da: Bei der WM 2001 feierte die National-mannschaft die Rückkehr in die Spitze.

Spitze führen und nur zusammen haben die Ligen in Deutschland eine Zukunft. Eine Auf- und Abstiegsrege-lung wird deshalb auch für die DEL, wenngleich zunächst abgelehnt, unumgänglich sein. Ein Problem stellt die »Verwässerung« der DEL dar. Obwohl vielen Vereinen die Einsicht fehlt, wäre es der Liga wohl zu-träglicher, aus wenigen starken und finanzkräftigen Mannschaften zu bestehen, als aus vielen, von denen eine ganze Reihe Jahr für Jahr unter dem Damokles-schwert »Konkurs« ums Überleben kämpft. Zudem ist es an der Zeit, dass die deutschen Nachwuchstalente auch in der DEL mehr Spielchancen erhalten. Dies würde dem Sport eherhelfen als die Verpflichtung mit-telmäßiger Ausländer. Leider hat das »Bosman«-Urteil dazu geführt, dass viele Teams vermehrt EU-Spieler in ihrem Kader führen.

Weder Flop noch Top

Bisher kann man die DEL weder als Flop, noch als Top oder »deutsche NHL« bezeichnen. Es wurden wegweisende Neuerungen unternommen, die der geduldiger Weiterentwicklung, der Umstrukturierung und Reflexion bedürfen. Solange guter Eishockeysport geboten wird, werden die Fans hinter dem Unternehmen stehen. Statt Energien auf einzelne »Gedankenblitze« zu verschwenden, wäre es sinnvoll, verstärktes Augenmerk auf die Vermarktung der DEL zu richten und sich intensiver der lange eklatant vernachlässigten Jugendarbeit zu widmen. Auch die Nationalmannschaft, ganz anders als beispielsweise in den USA oder Kanada, hierzulande das Aushängeschild des Eishockeys, hätte mehr Beachtung verdient. Das Auftreten bei der WM 2001 und den Olympischen Spielen 2002 war immerhin ein vielversprechender Anfang.

Erfolgsstory Bundesliga

Zwei Jahreszahlen sind für den deutschen Eishockey von besonderer Bedeutung: 1958 wurde die Bundesliga

Die Spieler der Adler Mannheim feiern den Gewinn der Meisterschaft 2001, der vierte seit Gründung der DEL.

als höchste und regional übergreifende Liga eingeführt und 1994 ersetzte sie die DEL nach 35 Jahren als solche. 1958 stellte so etwas wie eine »Bundesliga« ein absolutes Novum dar, heute gibt es keine Sportart mehr ohne diese oberste Liga. Ihre Gründung machte jedoch der traditionsreichen Bundesliga nicht den Garaus sondern im Gegenteil: Im Schatten der DEL erfreut sich die Bundesliga, die nun offiziell »2. Bundesliga« heißt, weiterhin großer Beliebtheit. Hier tauchen wieder ruhmvolle Namen aus der Vergangenheit auf und etliche neue Vereine, für die ein Platz in der DEL finanziell nicht erreichbar ist, haben ihre Chance erhalten, hochklassigen Sport anzubieten.

Die herrschende Euphorie zeigt sich deutlich an den Zuschauerzahlen: 3000 Fans besuchten anfangs, in den 1960ern, jedes Bundesligaspiel; Ende der 1980er stieg der Schnitt auf über 5.000 pro Begegnung an um in den 90ern drastisch zurückzugehen. Jetzt hofft die DEL, diese Zahlen bald wieder zu erreichen, während in der 2. Liga 2.000 Fans pro Spiel schon ein Erfolg wären.

Den Unterbau der 2. Bundesliga bilden die Oberliga

Höhepunkt der DEL-Saison 2000/2001 war das Duell um die Meisterschaft zwischen den Adler Mannheim und München Barons.

allianz-
bank.de
15
SIEMENS
GEBÄUDETECHNIK
Renta
Leasing
VAUGHN
32
29

Genion
holiday
autos
KOHO
22

Impressionen aus der DEL: Die Augsburger Panther sammeln ihre Kräfte vor dem Anpfiff (links oben), Münchens Torhüter Boris Rousson kann den Puck gerade noch abwehren (rechts unten) und Sergej Vostrikov (Augsburg), Topskorer der DEL, in Aktion.

Nord und Süd. Während der Norden gerade eine Krise durchmacht, ist die dritte Liga im Süden ein voller Erfolg, bei dem manche Mannschaften sogar mehr Fans in die Hallen locken als in den beiden höheren Klassen. Im Süden gibt es sogar eine vierte überregionale Liga, die Regionalliga Süd, in der inzwischen auch DEL-Clubs ihre Nachwuchsteams antreten lassen.

Nachwuchsarbeit

Was die Nachwuchsarbeit angeht, hat ein Umdenken stattgefunden in den letzten Jahren. Auch die Großstadtklubs haben ihre Bemühungen intensiviert, überlassen das Heranziehen von Talenten nicht mehr ausschließlich den Bayern. Vorzüglich in der Jugendförderung sind auch die aus der früheren DDR übernommenen Klubs in Berlin (Eisbären) und Weißwasser. Vor Nachwuchsarbeit zurückgeschreckt waren viele Vereine lange Zeit wegen der hohen Kosten. Für die Ausbildung eines Spielers über gut zehn Jahre muss man bis zu 100 000 € rechnen. Das sind die Kosten für das Eis, die Trainer, die Fahrten. Und wenn der Verein Pech hat, beendet der junge, mühevoll herangezogene Mann mangels Perspektive in der ersten Mannschaft seine Laufbahn mit gerade 19 Jahren. Oder er spielt zumindest in einer unteren Liga weiter, wo man für ihn wenigstens ein paar tausend € Leihgebühr herausschlagen kann. Stars werden nur die wenigsten.

Nachwuchsarbeit wird auf sechs Stufen betrieben:
- Kleinstschüler (Bambini): bis zum 8. Lebensjahr, sie haben noch keinen geregelten Spielbetrieb.
- Kleinschüler: Neun- und Zehnjährige (ausschlaggebend ist das Kalenderjahr, in dem der Meisterschaftsbetrieb beginnt).
- Knaben: Elf- und Zwölfjährige.
- Schüler: Dreizehn- und Vierzehnjährige.

- Jugend: Fünfzehn- und Sechzehnjährige.
- Junioren: Siebzehn- bis Neunzehnjährige. Außerdem kann ein Verein zwei Spieler, die schon ein Jahr über der Altersgrenze sind, als Over-Age-Akteure benennen und noch im Juniorenbetrieb belassen.

Das Maß aller Dinge im Damen-Eishockey sind die Kanadierinnen, die im April 2001 zum siebten Mal Weltmeister wurden.

Während der Spielbetrieb in den jüngeren Altersstufen bis zu einer deutschen Endrunde regional verläuft, haben die Junioren seit drei Jahren eine eigene Bundesliga und seit 2001 eine eigene übergeordnete »Superliga«, die DNL (Deutsche Nachwuchsliga). Mit Hilfe dieser möchte man den Nachwuchs an die internationale Spitze heranführen und talentierten Spielern eine Chance geben, das ganze Jahr über auf hohem Niveau zu spielen. Vorbild ist die kanadische Juniorenszene, die in drei regionalen Ligen professionelle Nachwuchsarbeit leistet. So weit ist man in Deutschland bei weitem noch nicht, doch der Anfang ist gemacht. In der DNL fin-

den sich dabei nicht nur die traditionellen Talentschmieden wie Riessersee, Rosenheim oder Landshut,
sondern auch die Nachwuchsteams der Großstadtklubs, wie Mannheim, Berlin (Eisbären und Capitals)
oder Köln.

Damen-Eishockey

Nachdem bereits seit Jahren Europa- und Weltmeisterschaften ausgetragen werden, ist Damen-Eishockey
nun auch olympisch. 2002 wird die deutsche Nationalmannschaft erstmals am Endturnier teilnehmen. Auch
wenn die beiden Topnationen USA und Kanada noch
auf einen anderem Planeten zu spielen scheinen, kann
niemand abstreiten, dass gerade das deutsche Damen-
Eishockey in den letzten Jahren spielerisch enorme Fortschritte gemacht hat.
In Deutschland hat sich das Spiel der Mädchen und
Frauen rasant entwickelt. War es vor fünf Jahren noch
gang und gäbe, dass 20-Jährige sich zum Eishockey mel-
deten, ohne jemals richtig auf Schlittschuhen gestanden zu haben, so wächst inzwischen eine völlig neue
Generation heran, die bereits mit 15 Jahren gut ausgebildet ist.
Die Wiege des deutschen Damen-Eishockeys steht in
Füssen, doch längst hat sich die Szene auf ganz
Deutschland ausgebreitet. Die Topteams kommen
derzeit aus Großstädten, z.B. Mannheim und Berlin,
aus kleineren Gemeinden wie Kornwestheim (Meister
2001), Geretsried oder Bergkamen, aber auch in Königs-
brunn bei Augsburg, Grefrath oder Memmingen sind
Topteams entstanden. Die Bundesliga spielt in zwei
Gruppen, Nord und Süd, mit jeweils sechs Mannschaften.
Die Deutsche Meisterschaft wird stets in einem zweitä-
gigen Endrunden-Turnier von vier Mannschaften ausgetragen, die sich über die Bundesligen sowie eine Fi-
nalrunde der jeweils besten Drei aus Nord und Süd qua-
lifizieren.

Wichtige Adressen

DEB (Deutscher Eishockey-Bund)
Haus des Eissports
Betzenweg 34
81247 München
Tel. (089) 8182-0, Fax 818236
www.deb.de

DEL (Deutsche Eishockey Liga) GmbH
Heumarkt 52
50667 Köln
Tel. (0221) 272703-0, Fax 272703-9
www.del.org

IIHF (International Ice Hockey Federation)
Tödistr. 23
CH - 8002 Zürich / Schweiz
Tel. (0041) 1-2811430, Fax 2811433

NHL (National Hockey League)
1251 Avenue of the Americas
New York, N.Y. 10020-1198 – U.S.A.
Tel. 001 (212) 789-2154, Fax 789-2020
www.nhl.com

Lesetipps

- »Eishockey-NEWS«, wöchentlich erscheinende einzige deutschsprachige Fachzeitung, mit sechs jährlichen Sonderheften (Straubing)
- »The Hockey News«, wöchentlich erscheinende nordamerikanische Fachzeitung (Toronto, Kanada)
- www.hockey-online.de – Webpage zur deutschen und internationalen Szene
- www.thesportingnews.com – Webpage der US-amerikanischen Wochen-Sportzeitung, mit umfangreichen Berichten zur NHL und anderen Ligen
- www.cnn/si.com – Webpage des Nachrichtensenders und des berühmten US-Wochensportmagazins »Sports Illustrated«,, mit ausführlichen Berichten zur NHL

Glossar

All-Star-Team:	Fiktiver Block mit einem Torhüter, zwei Verteidigern und drei Stürmern, der von Experten zum Ende seines Turniers oder einer Saison gewählt wird.
Angezeigte Strafe:	Der Schiedsrichter signalisiert, dass er ein Foul bemerkt hat, das Spiel aber so lange noch weiterlaufen lässt, wie die Mannschaft des gefoulten Akteurs in Scheibenbesitz bleibt. Sie kann risikolos den Torhüter durch einen zusätzlichen Feldspieler ersetzen, da bei gegnerischem Puckgewinn die Partie sofort unterbrochen und die fällige Strafe ausgesprochen wird. Aus dieser Situation der angezeigten Strafe kann sogar ein Tor entstehen, wodurch die anschließende Strafzeit jedoch hinfällig würde.
Assist:	Vorlage zu einem Tor, der Schiedsrichter kann zwei Assists pro Tor anerkennen.
Assistent:	Spieler, der eine Vorlage gibt.
Blenden:	Sichtbehinderung des gegnerischen Torhüters.
Blueliner:	Fachbegriff für Verteidiger, daher stammend, dass die blaue Linie (blue line) bei Angriffen Standort des Abwehrspielers ist.
Bodycheck:	Fairer Körperangriff vor allem mit Hüfte und Schulter – aber ohne Einsatz des Schlägers.
Break:	Schneller Gegenstoß, Konter.
Bully:	Puckeinwurf nach Tor und Spielunterbrechung an dafür vorgesehenen, durch Markierung gekennzeichneten Stellen.
Butterfly:	Technik des Torwarts bei flachen, seitlich kommenden Schüssen. Hinabgehen auf die Knie, Spreizen der Unterschenkel.
Center:	Mittelstürmer.
Coaching:	Einwirken des Trainers während eines Spiels auf seine Mannschaft.
DEB:	Abkürzung für Deutscher Eishockey-Bund; nationaler Verband.
DEL:	Abkürzung für »Deutsche Eishockey-Liga«

Draft:	Talentziehung in der National Hockey League.
Eigentor:	Etwas, das es im Eishockey offiziell nicht gibt. Das Tor wird immer demjenigen Spieler der angreifenden Mannschaft zugerechnet, der die Scheibe zuletzt berührt hat.
Empty-Net-Goal:	Torschuss ins leere Netz – wenn etwa in der Schlussphase der Torhüter zugunsten eines weiteren Feldspielers geopfert wurde.
Face-Off:	siehe Bully.
Forechecking:	Stören des Gegners in seinem Abwehrdrittel, Versuch des Scheibenrückgewinns in der Angriffszone.
Goalie:	Torhüter.
Ice-rinks:	Eisbahnen.
Icing:	Unerlaubter Weitschuss aus der eigenen Hälfte – erlaubt jedoch bei Unterzahl der angreifenden Mannschaft.
IIHF:	Abkürzung für International Ice Hockey Federation; Weltverband.
Keeper:	siehe Goalie.
Linesman:	Linienrichter. Plural: Linesmen.
NHL:	Abkürzung für National Hockey League; nordamerikanische Profiliga, gebildet aus 30 Vereinen Kanadas und der USA.
Penalty:	Strafschuss, bei dem der Spieler allein auf den gegnerischen Torhüter zufährt.
Play-off:	Aus Nordamerika übernommenes Spielsystem. Ausscheidungsserie über mindestens drei Spiele (Best of three), an deren Ende die siegreiche Mannschaft eine Runde weiterkommt. Gebräuchlich sind Serien Best of five oder seven, also über fünf oder sieben Partien, wobei nach der notwendigen Anzahl von Siegen überflüssig gewordene Begegnungen nicht mehr ausgetragen werden. Für Auf- und Abstiegsrunden im Ligeneishockey sowie den K.o.-Modus bei Weltmeisterschaften und Olympischen Spielen wird der Begriff Play-off falsch verwendet. Bei kompletten Runden hat jeder Teilneh-

mer die gleiche Anzahl an Spielen, keiner scheidet frühzeitig aus, bei Weltmeisterschaften etwa entscheidet nach einer Vorrunde nicht eine Serie, sondern lediglich ein einziges Spiel über das Weiterkommen.

Powerplay:
Angriffsspiel in Überzahl – oder bei dem optischen Anschein, dass Überlegenheit durch Überzahl zustande käme.

Powerskating:
Schlittschuhlaufen mit höchster Intensität.

Scout:
Talentspäher, zumeist für Klubs aus der NHL im Einsatz.

Shorthander:
Tor, das von der in Unterzahl befindlichen Mannschaft erzielt wird.

Skorer:
Sammelbegriff für Spieler, der ein Tor schießt oder die Vorlage dazu gibt.

Skorerpunkt:
Tor oder Assist. In der aus Kanada übernommenen Skorerwertung werden Tor und Vorlage gleich bewertet.

Slide:
Seitlicher Gleitsturz des Torhüters zur Puckabwehr.

Stanley-Cup:
Trophäe, um die die besten sechzehn Klubs der NHL im Play-off-Verfahren spielen.

Stay-at-home-defenceman:
Bezeichnung für einen defensiv orientierten Verteidiger, der »zu Hause« bleibt. Gegenteil des Offensivverteidigers, der im Angriff seine Position auch mal aufgibt und durch einen zurückgehenden Stürmer ersetzt werden muss.

Sudden Death:
Plötzlicher Tod, Entscheidung durch das erste Tor in der Verlängerung.

Sudden Victory:
Plötzlicher Sieg. Wie Sudden Death – nur aus Sicht des Siegers.

Tip-in:
Zielgerichtetes Abfälschen eines Schusses vor dem Tor.